東洋古典敎育師 자격시험 연습문제집

초 판 발 행 | 2012. 7. 25.
초 판 2 쇄 | 2016. 10. 5.
펴 낸 곳 | 주식회사 형민사
지 은 이 | 어문능력개발평생교육원
인터넷구매 | www.hanja114.co.kr
구 입 문 의 | TEL.02-736-7694, FAX.02-736-7692
주 소 | ㉾04551 서울시 중구 수표로 45 (저동2가 78번지) 비즈센터 505호
등 록 번 호 | 제2016-000003호
정 가 | 18,000원
ISBN 978-89-91325-73-9 13190

東洋古典 敎育師

자격시험 연습문제집

형민사

東洋古典教育師

1.

이 책은
'사단법인 한자교육진흥회'가 주관하고
'한국한자실력평가원'이 시행하는
'동양고전교육사 자격시험'을
준비하는 응시자를 위해 만들었습니다.

2.

시험요강과 출제범위를 분석한 후
각 등급별로 총3회분의 연습문제를 구성하여
출제유형과 경향을 파악할 수 있도록 하였습니다.

3.

정답을 작성할 수 있는 답안지 양식 5회분을 수록하여
실전에 대비한 모의시험이 가능하도록 하였습니다.

자격시험 연습문제집

목 차

東洋古典教育師 자격시험 안내
- 동양고전에 대한 전문강사의 자격 -

시험일시

- 연4회, 오후 3시 실시(시험 회수와 시간은 사정에 따라 변경될 수 있음)

시험요강

등급	문항 수(개)		합격기준(점)	시험시간(분)	응시자격	응시료(원)
논어교육사	50	객: 35 주: 15	70	60	만20세 이상	50,000
맹자교육사	50	객: 35 주: 15	70	60	만20세 이상	50,000
대학 · 중용교육사	50	객: 35 주: 15	70	60	만20세 이상	50,000
고문진보교육사	50	객: 35 주: 15	70	60	만20세 이상	50,000

자격의 활용

- 각급 평생교육원 강사
- 문화교실, 주민자치센터 등 사회교육기관 강사
- 고전번역, 한문교육 전문 교사로 활동

접수방법

- 방문 접수 : 홈페이지(www.hanja114.org)의 "방문원서 접수처" 참조

응시자 준비물

- 수험표   • 신분증   • 필기도구(검정색 볼펜, 검정색 사인펜)   • 수정테이프
- 시험시작 20분전 입실

자격종목 / 등급	출제범위	출제문항 수
동양고전 / 논어교육사	한문교육론	1
	『논어(論語)』의 성립과정과 공자의 사상 이해	2
	주자(朱子)『논어집주(論語集注)』에 대한 이해	2
	편별 주제와 내용 이해	20
	문장의 문법적 쓰임과 고사성어에 대한 이해	10
	훈독 및 국역, 문장 완성하기	15
동양고전 / 맹자교육사	한문교육론	1
	『맹자(孟子)』의 성립과정과 맹자의 사상 이해	2
	주자(朱子)『맹자집주(孟子集注)』에 대한 이해	2
	편별 주제와 내용 이해	20
	문장의 문법적 쓰임과 고사성어에 대한 이해	10
	훈독 및 국역, 문장 완성하기	15
동양고전 / 대학·중용 교육사	한문교육론	1
	『대학(大學)』·『중용(中庸)』의 성립과정과 사상 이해	1
	저자에 대한 이해	1
	주자(朱子)『대학장구(大學章句)』·『중용장구(中庸章句)』에 대한 이해	2
	편별 주제와 내용 이해	20
	문장의 문법적 쓰임과 고사성어에 대한 이해	10
	훈독 및 국역, 문장 완성하기	15
동양고전 / 고문진보 교육사	한문교육론	1
	『고문진보(古文眞寶)』 전집(前集)과 후집(後集)의 이해	1
	문류와 문체에 대한 이해	1
	저자에 대한 이해	2
	산문 편별 주제와 내용 이해	20
	산문 문장의 문법적 쓰임과 고사성어에 대한 이해	10
	산문 훈독 및 국역, 문장 완성하기	15

※ 출제범위 및 문항 수는 조정될 수 있음.

論 語 教 育 師

(1회 ~ 3회)

동양고전교육사 자격시험 연습문제

객관식 35문항

[1~5] 다음 물음에 답하시오.

1. 한문과 교수·학습 계획을 세울 때에 고려해야 할 사항으로 적절하지 않은 것은?

   ① 학습자의 일상생활에 도움이 되도록 계획한다.

   ② 학습자, 가정, 사회 등의 요구는 배제하여 계획한다.

   ③ 학습 장면이나 학습자의 특수 상황을 고려하여 계획한다.

   ④ 한자, 한자어, 한문의 학습이 통합적으로 이루어질 수 있도록 계획한다.

2. 다음 중 『論語』에 대한 설명으로 적절한 것은?

   ① 총 14개의 章으로 구성되어 있다.

   ② 孔子가 자신의 일생을 회고하며 직접 지었다.

   ③ 「堯曰」에는 공자와 요임금의 대화가 주로 담겨 있다.

   ④ 『大學』, 『中庸』, 『孟子』와 함께 '四書'로 불린다.

3. 다음 중 孔子에 대한 설명으로 적절하지 않은 것은?

   ① 이름은 丘이다.

   ② 字는 仲尼이다.

   ③ 佛教를 비판하였다.

   ④ 魯나라 昌平鄕 郰邑 출신이다.

4. 孔子가 살던 시대에 대한 설명으로 적절한 것은?

   ① 堯舜의 정치로 천하가 안정을 찾았다.

   ② 殷왕조와 周왕조의 교체시기이다.

   ③ 諸子百家가 출현하여 다양한 사상을 설파하였다.

   ④ 秦나라가 15년 만에 망하여 천하가 어지러웠다.

5. 다음 중 孔子의 제자와 그 이름의 연결이 적절하지 않은 것은?

   ① 子路-由　　② 子貢-賜　　③ 曾子-參　　④ 顏淵-師

6. 문맥상 ㉠과 ㉡의 품사로 적절한 것은?

> (가) 天之將㉠喪斯文也 後死者 不得與於斯文也
> (나) ㉡喪 與其易也 寧戚

① ㉠: 명사, ㉡: 동사　　　　② ㉠: 동사, ㉡: 명사
③ ㉠: 동사, ㉡: 동사　　　　④ ㉠: 명사, ㉡: 명사

7. ㉠의 문장구조로 적절한 것은?

> ㉠君君 臣臣 父父 子子

① 주술구조　　② 술목구조　　③ 술보구조　　④ 병렬구조

8. ㉠의 문장 형식은?

> 子曰 吾有知乎哉 無知也 有鄙夫問於我 空空如也 ㉠我叩其兩
> 端而竭焉

① 의문형　　② 평서형　　③ 피동형　　④ 사동형

9. 다음 중 밑줄 친 '之'의 활용이 나머지와 다른 하나는?
　① 孝弟也者 其爲仁之本與
　② 雖曰未學 吾必謂之學矣
　③ 三年 無改於父之道 可謂孝矣
　④ 子曰 今之孝者 是謂能養

10. 다음 중 밑줄 친 '無'의 활용이 나머지와 다른 하나는?
　① 主忠信 無友不如己者
　② 三年 無改於父之道 可謂孝矣
　③ 子謂子夏曰 女爲君子儒 無爲小人儒
　④ 道之以政 齊之以刑 民免而無恥

11. <u>暴虎馮河</u>
① 자연을 사랑함.　② 용맹하나 무모함.
③ 학문에 심취함.　④ 백성을 착취함.

12. <u>下愚不移</u>
① 본성은 모두 선함
② 자신보다 못한 사람을 멀리함.
③ 못난 사람의 기질은 변하지 아니함.
④ 아랫사람에게 묻기를 주저하지 않음.

13. <u>駟不及舌</u>
① 사람은 말의 속도를 따를 수 없다.
② 네 필의 말이 끄는 수레는 빠르지 않다.
③ 수레의 호화로움을 말로 표현할 수 없다.
④ 소문이 빨리 퍼지므로 말은 신중하게 해야 한다.

14. 子曰 由也 <u>升堂矣 未入於室也</u>
① 완벽하다.
② 아직 멀었다.
③ 조금 부족할 뿐 이미 상당한 경지에 올랐다.
④ 성질이 난폭하여 제멋대로이다.

15. 子曰 <u>鳳鳥不至 河不出圖</u> 吾已矣夫
① 자연이 훼손됨.
② 학문이 진전이 없음.
③ 이상정치가 실현되지 않음.
④ 끝가지 해보지도 않고 포기함.

16. ① 祭於公∨不宿肉∨祭肉∨不出三日
    ② 祭於公∨不宿肉祭∨肉不出三日
    ③ 祭∨於公不宿∨肉祭∨肉不出三日
    ④ 祭∨於公不宿∨肉祭肉∨不出三日

17. ① 舜有∨天下選∨於衆擧皐陶∨不仁者∨遠矣
    ② 舜有∨天下選於衆∨擧皐陶∨不仁者∨遠矣
    ③ 舜有天下∨選於衆擧∨皐陶不仁∨者遠矣
    ④ 舜有天下∨選於衆∨擧皐陶∨不仁者∨遠矣

18. 子貢問曰 賜也 何如 子曰 女 器也 曰何器也 曰(   )也

    ① 俎豆   ② 籩豆   ③ 琥珀   ④ 瑚璉

19. 子夏問曰 巧笑倩兮 美目盼兮 素以爲絢兮 何謂也 子曰 (   )
    曰 禮後乎 子曰 起予者 商也 始可與言詩已矣

    ① 君子不器   ② 駟不及舌   ③ 繪事後素   ④ 緣木求魚

20. 葉公 問孔子於子路 子路不對 子曰 女奚不曰 其爲人也 (   )
    樂以忘憂 不知老之將至云爾

    ① 發憤忘食   ② 三遷之敎   ③ 匹夫匹婦   ④ 得隴望蜀

21.
> (가) 子貢曰 管仲 非仁者與
> (나) 微管仲 吾其被髮左衽矣
> (다) 桓公 殺公子糾 不能死 又相之
> (라) 子曰 管仲 相桓公霸諸侯 一匡天下 民到于今 受其賜

① (가)(라)(다)(나)　　　　② (가)(다)(라)(나)
③ (라)(다)(가)(나)　　　　④ (라)(나)(다)(가)

22.
> (가) 君子 多乎哉 不多也
> (나) 子貢曰 固天縱之將聖 又多能也
> (다) 大宰問於子貢曰 夫子聖者與 何其多能也
> (라) 子聞之 曰大宰知我乎 吾少也賤 故多能鄙事

① (가)(나)(다)(라)　　　　② (가)(다)(나)(라)
③ (다)(나)(라)(가)　　　　④ (다)(라)(가)(나)

> (가) 子曰 ㉠性相近也 習相遠也
> (나) 凶服者 式之 ㉡式負版者
> (다) 廐焚 子退朝曰 傷人乎 不問馬

23. ㉠을 표현하기에 적절한 것은?
　① 南橘北枳　　　② 敬而遠之　　　③ 有名無實　　　④ 會者定離

24. ㉡의 뜻으로 적절한 것은?
　① 無視함.　　　② 拂拭함.　　　③ 敬意를 표함.　　　④ 難色을 표함.

25. (다)에서 강조하고 있는 공자의 모습은?
　① 조심성이 많음.　　　　② 사람의 생명을 중시함.
　③ 벼슬을 중시하지 않음.　　④ 생명이 있는 것을 똑같이 중시함.

> 顔淵死 顔路請子之車 以爲之槨 子曰 ㉠才不才 亦各言其子也 鯉也
> 死 有棺而無槨 吾不㉡徒行 以爲之槨 以吾從大夫之後 不可徒行也

26. 윗글의 내용으로 적절하지 <u>않은</u> 것은?
　① 孔子는 아들을 위해 수레를 포기하지 않았다.
　② 顔路는 孔子의 수레를 팔기를 원하고 있다.
　③ 孔子는 顔淵을 위해 수레를 포기했다.
　④ 孔子는 아직도 大夫의 반열을 따르고 있다.

27. ㉠의 뜻으로 적절한 것은?
　① 잘났든 못났든 남의 자식일 뿐이다.
　② 잘나든 못나든 모두 소중한 자식이다.
　③ 잘났으면서 대접을 못 받으니 자식처럼 여기기가 어렵다.
　④ 못났으면서 대접을 받으면 자식처럼 여기기가 어렵다.

28. ㉡의 속뜻으로 적절한 것은?
　① 걸어 다님.　　　　　　　② 여럿이 함께 다님.
　③ 이유 없이 돌아다님.　　　④ 행실이 바르지 못함.

> 南宮适 問於孔子曰 羿 善射 奡 盪舟 俱㉠不得其死 然 禹稷 躬稼
> 而有天下 ㉡夫子不答 南宮适 出 子曰 君子哉 若人 尙(㉢)哉 若人

29. ㉠의 속뜻을 쓰시오.
　① 오래 살았다.　　　　　　② 제명에 죽지 못했다.
　③ 죽을 각오로 했다.　　　　④ 남을 위해 희생했다.

30. ㉡의 이유로 적절한 것은?
　① 말의 의도를 몰라서.　　　② 깊은 가르침을 남겨주려고.
　③ 더 이상 대화하기가 싫어서.　④ 말의 속뜻을 알아차렸으므로.

31. 문맥상 ㉢에 들어갈 漢字는?
　① 德　　　　② 勇　　　　③ 忠　　　　④ 生

> (가) 子路宿於石門 晨門曰奚自 子路曰自孔氏 曰㉠是知其不可而爲之者與
>
> (나) 子擊磬於衛 有荷蕢而過孔氏之門者 曰有心哉 擊磬乎 旣而 曰鄙哉 硜硜乎 莫己知也 斯已而已矣 ㉡深則厲 淺則揭

32. ㉠의 어조로 적절한 것은?

① 비웃다.   ② 공경하다.

③ 슬퍼하다.   ④ 두려워하다.

33. ㉡의 속뜻을 표현하기에 적절한 성어는?

① 炎凉世態   ② 與世推移   ③ 轉禍爲福   ④ 口蜜腹劍

> (가) ㉠衛靈公 問陳於孔子 孔子對曰 ㉮俎豆之事 則嘗聞之矣 軍旅之事 未之學也 明日遂行
>
> (나) ㉡樊遲請學稼 子曰 吾不如老農 請學爲圃 曰吾不如老圃 樊遲出 子曰 小人哉 樊須也

34. (가),(나)에서 ㉠과 ㉡을 대하는 孔子의 심정으로 적절한 것은?

① 더 이상 말할 가치가 없다.   ② 하나를 가르치면 열을 안다.

③ 누구나 성인이 될 수 있다.   ④ 나를 알아주는 자를 만나서 기쁘다.

35. ㉮의 뜻으로 적절한 것은?

① 武器   ② 樂器   ③ 祭器   ④ 臟器

┃┃ 주관식 15문항 ┃┃

[주1~주2] 밑줄 친 한자의 음을 문맥에 맞게 차례로 쓰시오.

주1.
(가) 子見南子 子路不㉠說
(나) 成事不㉡說 遂事不諫 旣往不咎

(㉠   ,㉡   )

주2.
(가) 見齊㉠衰者 雖狎必變
(나) 子曰 甚矣 吾㉡衰也

(㉠   ,㉡   )

[주3~주4] 밑줄 친 한자의 뜻을 문맥에 맞게 쓰시오.

주3.
克㉠伐怨欲 不行焉 可以爲仁矣

(㉠   )

주4.
(가) 不仁者 不可以久處㉠約 不可以長處樂
(나) 君子博學於文 ㉡約之以禮 亦可以弗畔矣夫

(㉠   ,㉡   )

[주5~주7] 다음 각 문장의 밑줄 친 단어를 漢字로 쓰시오.

주5. <u>극기복례</u> 爲仁　　　　　　　　　(   )

주6. <u>후생가외</u> 焉知來者之不如今也　　（   ）

주7. 朽木 不可雕也 <u>분토지장</u> 不可杇也　　（   ）

주8.
(가) 愼○追遠 民德 歸厚矣
(나) 吾嘗○日不食 ○夜不寢 以思 無益
(   )

주9.
(가) 君子 欲訥於○而敏於行
(나) 車中 不內顧 不疾○ 不親指
(   )

주10.
(가) 子曰 述而不作 信而好○ 竊比於我老彭
(나) ○之學者 爲己 今之學者 爲人
(   )

주11. (聽 猶 人 訟 吾 也) 必也使無訟乎
→ (   )
<풀이> 송사를 처리함은 나도 남과 같이 하겠으나, 반드시 사람들로 하여금 송사함이 없게 하겠다.

주12. 君子 (行 恥 其 其 言 而 過)
→ (   )
<풀이> 군자는 그 말을 조심하고 행실을 말보다 앞서게 한다.

주13. <u>不逆詐</u> 不億不信
→ (   )

주14. <u>己所不欲</u> 勿施於人
→ (   )

주15. <u>誨女知之乎</u> 知之爲知之 不知爲不知 是知也
→ (   )

객관식 35문항

[1~5] 다음 물음에 답하시오.

1. 한문과 교수·학습 계획을 세울 때에 고려해야 할 사항으로 적절한 것은?
   ① 교수자가 진행하기 편한 방법으로 계획한다.
   ② 학습자가 수동적으로 한문을 익힐 수 있도록 계획한다.
   ③ 한자, 한자어, 한문의 학습이 개별적으로 이뤄지도록 계획한다.
   ④ 멀티미디어 자료 등을 활용한 다양한 교수·학습 방법으로 계획한다.

2. 다음 중 『論語』에 대한 설명으로 적절한 것은?
   ① 전체가 주제별로 편집되어 있다.
   ② 한 편의 經文과 10편의 傳文으로 구성되어 있다.
   ③ 대부분이 形而上學적인 철학적 담론으로 구성되어 있다.
   ④ 「鄕黨」章에는 주로 공자의 일상생활의 모습들이 담겨있다.

3. 다음 중 孔子에 대한 설명으로 적절하지 <u>않은</u> 것은?
   ① 魯나라 출신이다.
   ②『論語』를 저술하였다.
   ③ 儒家의 시조라 할 수 있다.
   ④ 諸侯를 찾아다니며 인(仁)의 정치와 정명(正名) 사상을 설파하였다.

4. 공자가 살던 시대는?
   ① 堯舜時代　　　　　　　② 殷, 周 교체기
   ③ 春秋時代　　　　　　　④ 戰國時代

5. 다음 중 孔子의 제자와 그 이름의 연결이 적절하지 <u>않은</u> 것은?
   ① 曾子-回　　② 子路-由　　③ 冉有-求　　④ 子貢-賜

6. 문맥상 ㉠과 ㉡의 품사로 적절한 것은?

> (가) 食不語 寢不㉠言
> (나) 子曰 回也 非助我者也 於吾㉡言 無所不說

① ㉠: 동사, ㉡: 명사 ② ㉠: 명사, ㉡: 동사
③ ㉠: 동사, ㉡: 동사 ④ ㉠: 명사, ㉡: 명사

7. ㉠의 문장구조로 적절한 것은?

> 子夏曰 ㉠賢賢 易色

① 주술구조 ② 술목구조 ③ 술보구조 ④ 병렬구조

8. ㉠의 문장 형식은?

> 子貢曰 有美玉於斯 ㉠韞匵而藏諸 求善賈而沽諸

① 사동형 ② 부정형 ③ 의문형 ④ 명령형

9. 다음 중 밑줄 친 '使'의 활용이 나머지와 다른 하나는?
　① 子路使子羔 爲費宰
　② 擧直錯諸枉 能使枉者直
　③ 出門如見大賓 使民如承大祭
　④ 長沮桀溺 耦而耕 孔子過之 使子路問津焉

10. 다음 중 밑줄 친 '與'의 활용이 나머지와 다른 하나는?
　① 子 罕言利與命與仁
　② 可與共學 未可與適道
　③ 夫子之言性與天道 不可得而聞也
　④ 用之則行 舍之則藏 惟我與爾有是夫

11. 巧言令色
　① 말을 조심함.
　② 기지를 발휘하여 위기를 모면함.
　③ 좋은 말로 여자를 유혹함.
　④ 아첨하는 말과 알랑거리는 태도.

12. 子曰 噫 <u>斗筲之人</u> 何足算也
　① 현실에 어두운 사람.
　② 도량이 좁은 사람.
　③ 학식이 많은 사람.
　④ 세속을 등진 사람.

13. 微管仲 吾其<u>被髮左衽矣</u>
　① 속세를 벗어남.
　② 부모를 잃음.
　③ 미개한 나라의 풍습.
　④ 위풍당당한 군자의 모습.

14. 文猶質也 質猶文也 <u>虎豹之鞟 猶犬羊之鞟</u>
　① 文과 質이 조화로워야 한다.
　② 文과 質은 본래 하나이다.
　③ 文이 없으면 군자와 소인을 분별할 수 없다.
　④ 質이 없으면 군자와 소인을 분별할 수 없다.

15. 王孫賈問曰 <u>與其媚於奧 寧媚於竈</u> 何謂也
　① 禮節의 본질을 알아야 한다.
　② 道에 뜻을 두면 富貴는 마음에서 멀어진다.
　③ 孝道는 물질적인 것보다 공경하는 마음이 중요하다.
　④ 君主에 붙기보다는 權臣에게 아부하는 것이 낫다.

16. ① 道不行∨乘桴∨浮于海∨從我者∨其由與
    ② 道不行乘∨桴浮于海∨從我者其∨由與
    ③ 道不行乘∨桴浮于∨海從我者∨其由與
    ④ 道不行∨乘桴浮∨于海∨從我者∨其由與

17. ① 沽酒市∨脯不食∨不撤薑∨食不多食
    ② 沽酒市∨脯不食∨不撤薑食∨不多食
    ③ 沽酒市脯∨不食∨不撤薑食∨不多食
    ④ 沽酒市脯∨不食不撤∨薑食不多食

18. | 子曰 甚矣 吾衰也 久矣 吾不復夢見(   ) |

① 周公   ② 文王   ③ 堯舜   ④ 孟子

19. | 子曰 詩三百 一言以蔽之 曰(   ) |

① 無不敬   ② 思無邪   ③ 樂而不淫   ④ 一以貫之

20. | 子華使於齊 冉子爲其母請粟 子曰 與之釜 請益 曰與之庾 冉子
與之粟五秉 子曰赤之適齊也 乘肥馬 衣輕裘 吾聞之也 君子
(   ) |

① 周而不比   ② 周急不繼富
③ 恥其言而過其行   ④ 篤信好學 守死善道

21.
(가) 對曰不能
(나) 季氏旅於泰山
(다) 子謂冉有曰 女弗能救與
(라) 子曰 嗚呼 曾謂泰山 不如林放乎

① (가) (나) (라) (다) ② (다) (가) (나) (라)
③ (라) (가) (나) (다) ④ (나) (다) (가) (라)

22.
顔淵死 門人 欲厚葬之
(가) 子曰 不可
(나) 門人 厚葬之
(다) 非我也 夫二三子也
(라) 子曰 回也 視予猶父也 予不得視猶子也

① (가) (나) (라) (다) ② (라) (나) (가) (다)
③ (라) (가) (나) (다) ④ (다) (나) (가) (라)

子在齊聞㉠韶 ㉡三月不知肉味 曰不圖爲樂之至於斯也

23. ㉠의 뜻으로 적절한 것은?

① 성인의 音樂   ② 성인의 遊說   ③ 성인의 德談   ④ 성인의 傳說

24. ㉡의 뜻을 표현하기에 적절한 단어는?

① 無聊   ② 彷徨   ③ 蟄居   ④ 魅了

陽貨欲見孔子 孔子不見 歸孔子豚 孔子時其㉮亡而往拜之 遇諸途
謂孔子曰來 予與爾言 曰懷其寶而迷其邦 可謂仁乎 曰不可 好從
事而 ㉯亟失時 可謂知乎 曰不可 ㉠日月逝矣 歲不我與 孔子曰 諾
吾將仕矣

25. 윗글에 대한 설명으로 적절하지 <u>않은</u> 것은?

① 양화는 공자를 회유하고 있다.

② 공자는 양화를 볼 생각이 없었다.

③ 공자는 양화 밑에서 벼슬할 것을 약속했다.

④ 양화는 당시의 예법을 이용하여 공자를 보려고 했다.

26. 문맥상 ㉮와 ㉯의 독음으로 적절한 것은?

① ㉮: 무 ㉯: 기　　② ㉮: 망 ㉯: 극　　③ ㉮: 망 ㉯: 기　　④ ㉮: 무 ㉯: 극

27. ㉠을 표현하기에 적절한 것은?

① 唯我獨尊　　② 燈下不明　　③ 勿失好機　　④ 緣木求魚

蘧伯玉 使人於孔子 孔子與之坐而問焉曰 ㉠夫子何爲 對曰 ㉡夫子
欲寡其過而未能也 使者出 子曰 ㉢使乎使乎

28. ㉠과 ㉡이 지시하는 대상으로 적절한 것은?

① ㉠: 孔子 ㉡: 蘧伯玉　　　　② ㉠: 蘧伯玉 ㉡: 孔子

③ ㉠: 孔子 ㉡: 孔子　　　　④ ㉠: 蘧伯玉 ㉡: 蘧伯玉

29. ㉢의 어조로 적절한 것은?

① 失望　　　② 讚美　　　③ 叱責　　　④ 希望

(가) 子謂伯魚曰 女爲周南召南矣乎 人而不爲㉠周南召南 其猶㉡正牆面
而立也與

(나) 陳亢 問於伯魚曰 ㉢子亦有異聞乎 對曰 未也 嘗獨立 鯉趨而過庭
日學詩乎 對曰未也 不學詩 無以言 鯉退而學詩 他日 又獨立 鯉趨
而過庭 日學禮乎 對曰未也 不學禮 無以立 鯉退而學禮 聞斯二者
陳亢 退而喜曰 問一得三 聞詩聞禮 又聞君子之㉣遠其子也

30. ㉠과 관련 있는 것은?

① 詩　　　　② 書　　　　③ 禮　　　　④ 樂

31. ㉡의 뜻으로 적절한 것은?

① 안목이 좁다.　　② 용맹하다.　　③ 학식이 많다.　　④ 세속을 떠나다.

32. ㉢의 지시하는 대상은?

① 陳亢　　　　② 鯉　　　　③ 孔子　　　　④ 君子

33. 문맥상 ㉣의 속뜻으로 적절한 것은?

① 자식에게 유독 엄하다.　　　　② 자식을 멀리한다.
③ 자식을 바꾸어 가르친다.　　　④ 자식을 특별하게 대우하지 않는다.

(가) 原壤 夷俟 子曰 幼而不孫弟 長而無述焉 老而不死 是爲賊 ㉠以杖
叩其脛

(나) 子曰 飽食終日 無所用心 難矣哉 不有博奕者乎 爲之猶賢乎已

34. ㉠의 의도로 적절한 것은?

① 바르게 앉게 하려고.　　　　② 종아리를 때리려고.
③ 자고 있는 것을 깨우려고.　　④ 먼 길을 가려고.

35. (나)의 주제로 적절한 것은?

① 음식을 절제해야 한다.　　　② 생각이 많으면 좋지 않다.
③ 무엇이든 마음을 쓰는 것이 좋다.　④ 장기나 바둑을 즐겨야 한다.

[주1~주2] 밑줄 친 한자의 음을 문맥에 맞게 차례로 쓰시오.

주1.
(가) 子貢 欲去㉠告朔之餼羊
(나) 子路行 以㉡告 夫子憮然曰 鳥獸 不可與同群 吾非斯人之徒與 而誰與 天下有道 丘不與易也

(㉠   ,㉡   )

주2.
(가) 巧言令色㉠足恭 左丘明恥之 丘亦恥之
(나) 非不說子之道 力不㉡足也

(㉠   ,㉡   )

[주3~주4] 밑줄 친 한자의 뜻을 문맥에 맞게 쓰시오.

주3. 夫子㉠矢之曰 予所否者 天厭之 天厭之

(㉠   )

주4.
(가) 孺悲欲見孔子 孔子辭以㉠疾
(나) 車中 不內顧 不㉡疾言 不親指

(㉠   ,㉡   )

[주5~주7] 다음 각 문장의 밑줄 친 단어를 漢字로 쓰시오.

주5. 君子 화이부동 (   )

주6. 子以四敎 문행충신 (   )

주7. 關雎 樂而不淫 애이불상 (   )

주8.
(가) 里○ 爲美
(나) 樊遲問○ 子曰 愛人
(　　　　)

주9.
(가) ○不孤 必有隣
(나) 有○者 必有言 有言者 不必有○
(　　　　)

주10.
(가) 言忠○ 行篤敬 雖蠻貊之邦 行矣
(나) 爲人謀而不忠乎 與朋友交而不○乎 傳不習乎
(　　　　)

[주11~주12] 제시된 <풀이>에 맞게 (　　　)안의 한자들을 모두 이용하여 바르게
배열하시오.

주11. 孝弟也者 (其 爲 本 仁 與 之)
→ (　　　　　　　　　　　　　　)
　<풀이> 효도와 공경함은 그 인을 행하는 근본일 것이다.

주12. 賜也 始可與言詩已矣 (往 告 而 知 來 諸 者)
→ (　　　　　　　　　　　　　　)
　<풀이> 사(賜)는 비로소 함께 시를 말할 만하구나! 지나간 것을 말했더니 올 것
　　　을 아는구나.

[주13~주15] 다음 각 문장의 밑줄 친 부분을 해석하시오.

주13. 無伐善 無施勞
　→ (　　　　　　　　　　　　　　　　　)

주14. 朋友數 斯疏矣
　→ (　　　　　　　　　　　　　　　　　)

주15. 獲罪於天 無所禱也
　→ (　　　　　　　　　　　　　　　　　)

객관식 35문항

[1~5] 다음 물음에 답하시오.

1. 한문과 교수·학습 계획을 세울 때에 고려해야 할 사항으로 적절한 것은?
   ① 교수자가 진행하기 편한 방법으로 계획한다.
   ② 중학교의 경우 한문 교육용 기초한자 1,800자가 균형 있게 학습되도록 계획한다.
   ③ 한자, 한자어, 한문의 학습이 개별적으로 이뤄지도록 계획한다.
   ④ 멀티미디어 자료 등을 활용한 다양한 교수·학습 방법으로 계획한다.

2. 다음 중 『論語』에 대한 설명으로 적절한 것은?
   ① 전체가 주제별로 편집되어 있다.
   ② 공자 말년의 제자인 曾參의 죽음까지 기록하고 있다.
   ③ 「盡心」章에는 주로 공자의 일상생활의 모습들이 기록되어 있다.
   ④ 『論語』는 원래 『魯論語』, 『齊論語』, 『漢論語』 등이 전해 왔었다.

3. 다음 중 孔子에 대한 설명으로 적절하지 <u>않은</u> 것은?
   ① 魯나라 출신이다.
   ② 儒家의 시조라 할 수 있다.
   ③ 평생 동안 벼슬살이를 해보지 못했다.
   ④ 諸侯를 찾아다니며 인(仁)의 정치와 정명(正名) 사상을 설파하였다.

4. 공자가 살았던 시대는?
   ① 周武王 時代　　　　② 春秋時代
   ③ 殷, 周 교체기　　　　④ 戰國時代

5. 다음 중 孔子의 제자와 그 이름의 연결이 적절하지 <u>않은</u> 것은?
   ① 子貢-端木賜　② 閔子騫-由　③ 冉有-求　④ 冉伯牛-耕

6. 문맥상 ㉠과 ㉡의 품사로 적절한 것은?

> (가) 此篇 皆論古今人物㉠賢否得失
>
> (나) 叔孫武叔 語大夫於朝曰 子貢㉡賢於仲尼

① ㉠: 형용사, ㉡: 명사　　　　② ㉠: 명사, ㉡: 형용사

③ ㉠: 형용사, ㉡: 형용사　　　④ ㉠: 명사, ㉡: 명사

7. ㉠의 문장구조로 적절한 것은?

> ㉠季路問事鬼神 子曰 未能事人 焉能事鬼

① 주술구조　　② 주술목구조　　③ 주술보구조　　④ 병렬구조

8. ㉠의 문장 형식은?

> 子曰 ㉠吾未見好德 如好色者也

① 사동형　　② 부정형　　③ 의문형　　④ 명령형

9. 다음 중 밑줄 친 '使'의 활용이 나머지와 다른 하나는?

① 夏后氏 以松 殷人 以柏 周人 以栗 曰使民戰栗

② 子華使於齊 冉子爲其母請粟 子曰 與之釜

③ 子路使子羔 爲費宰 子曰 賊夫人之子

④ 子曰 聽訟 吾猶人也 必也使無訟乎

10. 다음 중 밑줄 친 '與'의 활용이 나머지와 다른 하나는?

① 君子務本 本立而道生 孝弟也者 其爲仁之本與

② 子曰 賜也 始可與言詩已矣 告諸往而知來者

③ 子曰 赤也 束帶立於朝 可使與賓客言也 不知其仁也

④ 子曰 晏平仲 善與人交 久而敬之

11. <u>繪事後素</u>
 ① 말을 조심함.
 ② 기지를 발휘하여 위기를 모면함.
 ③ 평소에 취미생활을 즐김.
 ④ 모든 일에는 바탕이 있고 나서야 가능함.

12. 子曰 關雎 <u>樂而不淫 哀而不傷</u>
 ① 음란한 사람을 가리킴.
 ② 변덕스러운 감정을 가리킴.
 ③ 우유부단한 성격을 가리킴.
 ④ 中道를 넘지 않음을 가리킴.

13. 子在陳 曰 歸與歸與 吾黨之小子<u>狂簡</u> 斐然成章 不知所以裁之
 ① 정신이 나가서 미친 것.
 ② 가난한 생활을 뜻함.
 ③ 미개한 나라의 풍습을 가리킴.
 ④ 뜻은 크나 일에는 소략함.

14. 哀公 問弟子 孰爲好學 孔子對曰 有顔回者好學 <u>不遷怒 不貳過</u>
 ① 성냄을 옮기지 않아야 허물을 짓지 않을 수 있다.
 ② 성내지 않는 대신, 두 번 다시 만나지 않는다.
 ③ 만일 성내지 않는다면, 같은 허물을 반복할 것이다.
 ④ 성냄을 남에게 옮기지 않고, 같은 잘못을 되풀이 하지 않는다.

15. 子曰 <u>三年學 不至於穀 不易得也</u>
 ① 3년을 공부하고도 녹봉을 얻기가 쉽지 않다.
 ② 3년을 배우고도 녹봉에 뜻을 두지 않는 자를 쉽게 얻지 못한다.
 ③ 3년간의 공부가 벼슬살이에 뜻을 두고 있지 않으면, 생활이 궁핍해진다.
 ④ 3년간의 공부가 녹봉을 얻는데 뜻을 두지 않았으니, 재물을 모으기가 어렵다.

16. ① 食饐而餲∨魚餒而肉敗∨不食∨色惡不食∨臭惡不食∨失飪不食
    ② 食饐而餲魚∨餒而肉敗不食∨色惡不食臭∨惡不食失∨飪不食
    ③ 食饐∨而餲魚餒∨而肉敗不食色∨惡不食∨臭惡不食失飪∨不食
    ④ 食饐∨而餲魚餒∨而肉敗∨不食色惡∨不食臭惡∨不食失飪∨不食

17. ① 子張問明∨子曰∨浸潤之∨譖膚受之愬∨不行焉∨可謂明也∨已矣
    ② 子張問明子∨曰∨浸潤之譖∨膚∨受之愬不行∨焉可謂明也已矣
    ③ 子張問明子∨曰∨浸潤之譖膚∨受之愬不行∨焉可謂明也已矣
    ④ 子張問明∨子曰∨浸潤之譖∨膚受之愬∨不行焉∨可謂明也已矣

18.
| 子貢問友 子曰 (   )而善道之 不可則止 無自辱焉 |

    ① 數諫   ② 忠告   ③ 美言   ④ 義理

19.
| 子曰 管仲 相桓公霸諸侯 一匡天下 民到于今 受其賜 微管仲 吾其(   )矣 |

    ① 四海困窮   ② 經於溝瀆   ③ 被髮左衽   ④ 不可陷也

20.
| 孔子曰 侍於君子 有三愆 言未及之而言 謂之躁 言及之而不言 謂之隱 未見顏色而言 (   ) |

    ① 謂之瞽   ② 謂之虐
    ③ 謂之暴   ④ 謂之賊

21.
(가) 多見其不知量也
(나) 叔孫武叔 毁仲尼 子貢曰 無以爲也
(다) 仲尼 不可毁也 他人之賢者 丘陵也 猶可踰也
(라) 仲尼 日月也 無得而踰焉 人雖欲自絶 其何傷於日月乎

① (가) (나) (라) (다)   ② (다) (가) (나) (라)
③ (나) (다) (라) (가)   ④ (나) (다) (가) (라)

22.
子曰 君子 食無求飽
(가) 居無求安
(나) 就有道而正焉
(다) 可謂好學也已
(라) 敏於事而愼於言

① (나) (가) (라) (다)   ② (라) (나) (가) (다)
③ (가) (라) (나) (다)   ④ (다) (나) (가) (라)

季氏㉠旅於泰山 子謂冉有曰 女弗能救與 對曰 不能 子曰 嗚呼 ㉡曾謂泰山 不如林放乎

23. ㉠의 뜻으로 적절한 것은?

① 여행을 감.   ② 등반을 함.
③ 군사를 조련함.   ④ 산천에 제사를 지냄.

24. ㉡의 뜻을 표현하기에 적절한 것은?

① 歎息   ② 稱讚   ③ 喜悅   ④ 嘲笑

> (가) 子曰 管仲之器小哉 或曰 管仲儉乎 曰管氏有三歸 官事不攝 焉
> 　　　得儉 然則管仲 知禮乎 曰邦君 樹㉮塞門 管氏亦樹塞門 邦君
> 　　　爲兩君之好 有反㉯坫 管氏亦有反坫 管氏而知禮 孰不知禮
> (나) 葉公 問孔子於子路 子路不對 子曰 女奚不曰 其爲人也 ㉠發憤忘
> 　　　食 樂以忘憂 不知老之將至云爾

25. 윗글 (가)에 대한 설명으로 적절하지 <u>않은</u> 것은?
　① 공자는 管仲이 검소하지 않았다고 평하였다.
　② 공자는 管仲이 예를 알지 못했다고 평하였다.
　③ 공자는 나라의 임금만이 병풍으로 문을 가릴 수 있다고 하였다.
　④ 管仲은 세 부인을 두었으며, 家臣의 일을 겸직시켰다.

26. 문맥상 ㉮와 ㉯의 독음으로 적절한 것은?
　① ㉮: 새 ㉯: 첨　　② ㉮: 색 ㉯: 첨　　③ ㉮: 색 ㉯: 점　　④ ㉮: 새 ㉯: 침

27. ㉠과 뜻이 통하는 고사성어로 적절한 것은?
　① 甘呑苦吐　　② 人生無常　　③ 漸入佳境　　④ 手不釋卷

> (가) 子謂南容 ㉠邦有道 不廢 邦無道 免於刑戮 以其兄之子妻㉡之
> (나) 原思爲之宰 與之粟九百 辭 子曰 毋 以與㉢爾隣里鄕黨乎

28. ㉠의 어조로 적절한 것은?
　① 失望　　　　② 稱讚　　　　③ 歎息　　　　④ 忿怒

29. ㉡과 ㉢이 지시하는 대상으로 적절한 것은?
　① ㉡: 孔子 ㉢: 南容　　　　② ㉡: 孔子 ㉢: 原思
　③ ㉡: 原思 ㉢: 南容　　　　④ ㉡: 南容 ㉢: 原思

(가) 子曰 ㉠述而不作 信而好古 ㉡竊比於我老彭

(나) 陳司敗問 昭公知禮乎 孔子曰 知禮 孔子退 揖巫馬期而進㉢之
曰 吾聞君子不黨 君子亦黨乎 君取於吳 爲同姓 謂之吳孟子 君
而知禮 孰不知禮

(다) 子曰 民可使由之 ㉣不可使知之

30. ㉠에 해당되는 **孔子**의 작품이 <u>아닌</u> 것은?

① 詩　　　　　② 書　　　　　③ 周易　　　　　④ 周禮

31. ㉡의 속뜻으로 적절한 것은?

① 겸손함.　　　② 자신감.　　　③ 의아함.　　　④ 억울함.

32. ㉢이 지시하는 대상은?

① 陳司敗　　　② 巫馬期　　　③ 孔子　　　　④ 吳孟子

33. 문맥상 ㉣의 속뜻으로 적절한 것은?

① 백성들을 부릴 수 없다.　　　② 백성들이 진리를 알지 못하게 한다.
③ 백성들은 진리를 알려고 하지 않는다.　　　④ 백성들에게 진리를 알게 할 수는 없다.

(가) 孺悲欲見孔子 孔子辭以疾 將命者 出戶 ㉠取瑟而歌 使之聞之

(나) 夫子循循然善誘人 博我以文 約我以禮

34. ㉠의 의도로 적절한 것은?

① 병의 고통을 잊기 위해.　　　② **孺悲**에게 연주솜씨를 보여주기 위해.
③ 무료함을 달래기 위해.　　　④ **孺悲** 자신의 과오를 깨닫게 하기 위해.

35. (나)의 주제로 적절한 것은?

① **聖人**은 불결한 사람을 멀리한다.　　　② **聖人**은 신분이 높은 자만 가까이 한다.
③ **文**과 **禮**는 아무런 관계가 없다.　　　④ **聖人**의 가르침에는 순서가 있다.

[주1~주2] 밑줄 친 한자의 음을 문맥에 맞게 차례로 쓰시오.

주1.　(가) 子曰　大哉　堯之爲君也　巍巍乎唯天爲大　唯堯㉠則之
　　　(나) 子曰　出㉡則事公卿　入則事父兄　喪事　不敢不勉

　　　　　　　　　　　　　　　　　　　　　　　（㉠　　　　　,㉡　　　　　）

주2.　(가) 子曰　學而時習之　不亦㉠說乎
　　　(나) 或問禘之㉡說　子曰　不知也　知其說者之於天下也　其如示
　　　　　　諸斯乎　指其掌

　　　　　　　　　　　　　　　　　　　　　　　（㉠　　　　　,㉡　　　　　）

[주3~주4] 밑줄 친 한자의 뜻을 문맥에 맞게 쓰시오.

주3.　君子哉　蘧伯玉　邦有道則仕　邦無道則可㉠卷而懷之

　　　　　　　　　　　　　　　　　　　　　　　（㉠　　　　　　　　　）

주4.　(가) 孟武伯問孝　子曰　父母　唯其㉠疾之憂
　　　(나) 子曰　君子㉡疾沒世而名不稱焉

　　　　　　　　　　　　　　　　　　　　　　　（㉠　　　　　,㉡　　　　　）

[주5~주7] 다음 각 문장의 밑줄 친 단어를 漢字로 쓰시오.

주5. 子曰 온고이지신 可以爲師矣　　　　　　　（　　　　　　　　）

주6. 子曰 사불주피 爲力不同科 古之道也　　　（　　　　　　　　）

주7. 子曰 里仁 爲美 택불처인 焉得知　　　　　（　　　　　　　　）

주8.
(가) 子曰 不○者 不可以久處約 不可以長處樂
(나) 子曰 惟○者 能好人 能惡人　　　　　　　　　(　　　　　)

주9.
(가) 子貢問曰 賜也 何如 子曰 女 ○也 曰何○也
日瑚璉也
(나) 子曰 君子 易事而難說也 說之不以道 不說
也 及其使人也 ○之　　　　　　　　　　　　(　　　　　)

주10.
(가) 子曰 ○不行 乘桴 浮于海 從我者 其由與
(나) 冉求曰 非不說子之○ 力不足也　　　　　　(　　　　　)

주11. 子曰 (不 不 知 患 己 人 之) 患不知人也
→ (　　　　　　　　　　　　　　　　　　　)
〈풀이〉 남이 자신을 알아주지 못함을 걱정하지 말고, 내가 남을 알지 못함을 걱정해야 한다.

주12. 子曰 學而不思則罔 (學 則 思 殆 不 而)
→ (　　　　　　　　　　　　　　　　　　　)
〈풀이〉 배우기만 하고 생각하지 않으면 얻음이 없고, 생각하기만 하고 배우지 않으면 위
태롭다.

주13. 子曰 參乎 <u>吾道 一以貫之</u> 曾子曰 唯
→ (　　　　　　　　　　　　　　　　　　　　　)

주14. 宰予晝寢 子曰 朽木 不可雕也 <u>糞土之牆 不可杇也</u> 於予與 何誅
→ (　　　　　　　　　　　　　　　　　　　　　)

주15. 子曰 君子<u>矜而不爭 群而不黨</u>
→ (　　　　　　　　　　　　　　　　　　　　　)

孟子 敎育師

(1회 ~ 3회)

객관식 35문항

[1~5] 다음 물음에 답하시오.

1. 한문 학습에 대한 내용으로 적절한 것은?

　① 전문가에 의존하여 문장을 풀이하는 것이 중요하다.

　② 한자가 가진 대표 훈음에 한정시켜 문장을 풀이한다.

　③ 허자의 쓰임과 구실 등 문법적 기능에만 치중하지 않는다.

　④ 문법적 요소로서의 문장 구조에 치우친 학습이 요구된다.

2. 다음 중 『孟子』에 대한 설명으로 적절한 것은?

　① 맹자가 자신의 일생을 회고하며 혼자 직접 지었다.

　② 총 8篇 16개의 章으로 구성되어 있다.

　③ 仁政을 제창하고, 그 이론적 근거로 性惡說을 주장하였다.

　④ 『맹자』의 편명 가운데 盡心章이 있다.

3. 다음 중 孟子에 대한 설명으로 적절하지 <u>않은</u> 것은?

　① 王道政治를 주장하였다.

　② 齊宣王과 梁惠王은 그의 사상을 迂闊하다고 여겼다.

　③ 동시대를 살았던 莊子와 한 번 만난 적이 있었다.

　④ 『史記』「孟子列傳」에 의하면 子思의 문인에게서 수업 받았다고 하였다.

4. 孟子가 살던 시대에 대한 설명으로 적절한 것은?

　① 堯舜의 정치로 천하가 안정을 찾았다.

　② 당시 秦나라는 商鞅을 등용하여 覇道政治를 추구하고 있었다.

　③ 商왕조는 명분만 존재하고 제후국들이 난립하였다.

　④ 秦나라가 15년 만에 망하여 천하가 어지러웠다.

5. 다음 중 『孟子』에 등장하지 <u>않는</u> 인물은?

　① 愼子　　　　② 陳代　　　　③ 咸丘蒙　　　　④ 韓非子

6. 문맥상 ㉠과 ㉡의 품사로 적절한 것은?

> (가) 王曰何以㉠利吾國 大夫曰何以利吾家
>
> (나) 上下交征㉡利 而國危矣

① ㉠: 동사, ㉡: 명사 　　　　② ㉠: 명사, ㉡: 명사

③ ㉠: 동사, ㉡: 동사 　　　　④ ㉠: 명사, ㉡: 동사

7. ㉠의 문장구조로 적절한 것은?

> 孟子見梁惠王 ㉠王立於沼上 顧鴻鴈麋鹿曰賢者亦樂此乎

① 주술구조 　　② 술목구조 　　③ 술보구조 　　④ 주술보구조

8. ㉠의 문장 형식으로 적절한 것은?

> 曰 王之好樂 甚 則㉠齊其庶幾乎 今之樂 由(猶)古之樂也

① 가정형 　　② 평서형 　　③ 의문형 　　④ 사동형

9. 다음 중 밑줄 친 ‘樂’ 의 활용이 나머지와 다른 하나는?

① 曰 可得聞與 曰 獨樂樂 與人樂樂 孰樂

② 今王 鼓樂於此 百姓 聞王鍾鼓之聲 管籥之音 擧疾首蹙頞

③ 今王 與百姓同樂 則王矣

④ 齊宣王 見孟子於雪宮 王曰 賢者 亦有此樂乎

10. 다음 중 밑줄 친 ‘爲’ 의 활용이 나머지와 다른 하나는?

① 或曰 有性善 有性不善 是故 以堯爲君而有象

② 以紂爲兄之子 且以爲君而有微子啓王子比干

③ 初命曰 誅不孝 無易樹子 無以妾爲妻

④ 孟子曰 子能順杞柳之性而以爲桮棬乎

11. <u>金聲玉振</u>

① 전쟁을 시작함.　　　　② 사물을 집대성함.

③ 귀한 자손.　　　　　　④ 꼭 지켜야할 법규.

12. <u>草莽之臣</u>

① 쓸모없는 신하.

② 변방을 지키는 장군.

③ 지방에서 벼슬하는 사람.

④ 벼슬을 하지 않고 초야에 묻혀 사는 사람.

13. <u>私淑</u>

① 남을 이간질 함.

② 개인적으로 만남.

③ 혼자 있을 때에도 마음을 바르게 함.

④ 직접 가르침을 받지는 않았으나 마음속으로 그 사람을 본받아서 **道**나 **學問**을 닦음.

14. <u>讀書尙友</u>

① 책을 좋아하는 벗을 사귀어야 함.

② 책을 읽으면 친구를 높일 줄 안다.

③ 책만 좋아하면 친구를 잃을 수 있음.

④ 책을 읽음으로써 옛날의 현인들과 벗함.

15. 孔子之去齊 <u>接淅而行</u> 去魯 曰 遲遲 吾行也

① 미련이 많다.

② 서둘러 떠났다.

③ 예의를 갖추고 떠났다.

④ 큰 계획을 세우다.

16. ① 告子曰∨性∨猶湍水也∨決諸東方則東流∨決諸西方則西流
    ② 告子曰∨性猶湍∨水也∨決諸東方則東∨流決諸西方則西流
    ③ 告子曰∨性猶湍∨水也∨決諸∨東方則東流∨決諸∨西方則西流
    ④ 告子曰∨性∨猶湍水也∨決諸東方∨則東流決諸∨西方則西流

17. ① 必有事焉而勿正∨心勿忘勿助∨長也∨無若宋人然
    ② 必有事焉而勿正∨心勿忘∨勿助長也∨無若宋人然
    ③ 必有事焉而勿正心∨勿忘勿助∨長也∨無若宋人然
    ④ 必有事焉而勿正心∨勿忘勿助∨長也無∨若宋人然

18. （   ）爲我 是無君也 墨氏 兼愛 是無父也 無父無君 是禽獸也

① 老子　　　　② 佛氏　　　　③ 楊氏　　　　④ 孔氏

19. 孟子曰 離婁之明 公輸子之巧 不以（   ）不能成方員 師曠之聰
    不以六律 不能正五音 堯舜之道 不以仁政 不能平治天下

① 規矩　　　　② 權道　　　　③ 桎梏　　　　④ 俎豆

20. 是乃仁術也 見牛 未見羊也 君子之於禽獸也 見其生 不忍見其
    死 聞其聲 不忍食其肉 是以 君子（　　　　）

① 遠庖廚也　　　　　　　　② 過則改之
③ 不怨天 不尤人　　　　　　④ 不以天下儉其親

21.

(가) 亦有仁義而已矣　　(나) 亦將有以利吾國乎
(다) 孟子對曰 王 何必曰利　　(라) 叟不遠千里而來

① (라)(나)(다)(가)　　② (나)(다)(가)(라)
③ (나)(가)(라)(다)　　④ (라)(가)(다)(나)

22.

(가) 人有鷄犬放 則知求之
(나) 舍其路而不由
(다) 有放心而不知求 學問之道 無他 求其放心而已矣
(라) 放其心而不知求 哀哉

① (가)(나)(다)(라)　　② (가)(다)(나)(라)
③ (다)(나)(라)(가)　　④ (나)(라)(가)(다)

[23~25] 다음 글을 읽고 물음에 답하시오.

(가) 孟子曰 君子有三樂而王天下不與存焉 父母俱存 (㉠) 一樂也 仰不(㉡)於天 俯不(㉢)於人 二樂也 得天下英才而敎育之 三樂也
(나) 北宮黝之養(㉣)也 不膚撓 不目逃 思以一毫挫於人 若撻之於市朝 不受於褐寬博 亦不受於萬乘之君 視刺萬乘之君 若刺褐夫 無嚴諸侯 惡聲至 必反之
(다) 燕人 畔 王曰 吾甚慙㉤於孟子

23. ㉠~㉢에 들어갈 한자가 알맞게 짝지어진 것은?
　① 兄弟無故 – 愧 – 作　　② 君臣有信 – 作 – 愧
　③ 長幼存序 – 愧 – 作　　④ 夫婦有情 – 愧 – 作

24. ㉣에 들어갈 한자로 알맞은 것은?
　① 慈　　　② 勇　　　③ 義　　　④ 仁

25. ㉤과 쓰임이 <u>다른</u> 것은?
　① <u>於</u>齊國之士 吾必以仲子 爲巨擘焉
　② 孔子曰 德之流行 速<u>於</u>置郵而傳命
　③ 人性之無分<u>於</u>善不善也 猶水之無分<u>於</u>東西也
　④ 帝使其子九男二女 百官牛羊倉廩備 以事舜<u>於</u>畎畝之中

(가) 徐子曰 仲尼㉠亟稱於水曰 水哉水哉 何取於水也 孟子曰 原
泉 混混 不㉡舍晝夜 盈㉢科而後進 ㉣放乎四海 有本者如是
是之取爾 苟爲無本 七八月之間 雨集 溝澮皆盈 其涸也 ㉤可
立而待也 故 聲聞過情 君子恥之

(나) 仁者 愛人 有禮者 敬人 愛人者 人恒愛之 敬人者 人恒敬之

26. ㉠~㉣ 중 뜻이 통하는 한자로 연결되지 않은 것은?

　① ㉠: 數　　　② ㉡: 停　　　③ ㉢: 條　　　④ ㉣: 至

27. ㉤의 의미로 옳은 것은?

　① 빠르다　　　② 피곤하다　　　③ 대신하다　　　④ 취하다

28. (나)와 관계있는 것은?

　① 種瓜得瓜　　② 如履薄氷　　③ 松茂栢悅　　④ 晝耕夜讀

惻隱之心 人皆有之 羞㉠惡之心 人皆有之 恭敬之心 人皆有之 是
非之心 人皆有之 惻隱之心 仁也 羞惡之心 義也 恭敬之心 禮也
是非之心 智也 仁義禮智 非由外鑠我也 我㉡固有之也 弗思耳矣
故曰㉢求則得之 舍則失之 或相倍蓰而無算者 不能盡其才者也

29. 밑줄 친 '惡'의 독음이 ㉠과 다른 것은?

　① 憎惡　　　② 惡寒　　　③ 好惡　　　④ 惡黨

30. ㉡의 뜻은?

　① 굳이　　　② 본래　　　③ 고요히　　　④ 견고히

31. ㉢을 표현하기에 적절한 것은?

　① 마음먹은 대로 행동하기 어렵다.

　② 이득과 손해는 종이 한 장 차이이다.

　③ 구하면 얻을 수는 있으나, 집에 보관하면 잃게 된다.

　④ 자신의 분수에 맞게 행동해야 한다.

桃應問曰 ㉠舜爲天子 皐陶爲士 瞽瞍殺人 則如之何 孟子曰 ㉡執
之而已矣 然則舜 不禁與 曰夫舜惡得而禁之 夫有所受之也 然則
舜 如之何 曰舜視棄天下 猶棄敝蹝也 竊負而逃 遵海濱而處 終身
訴然樂而忘天下

32. ㉠이 평소에 가장 중시한 사상은?

① 孝   ② 公   ③ 法   ④ 忠

33. ㉡의 속뜻으로 적절한 것은?

① 皐陶는 瞽瞍를 처벌할 것이다.
② 舜은 瞽瞍를 처벌할 것이다.
③ 皐陶는 瞽瞍를 용서할 것이다.
④ 舜은 瞽瞍를 용서할 것이다.

昔者 趙簡子使王良 與嬖奚乘 終日而不獲一禽 嬖奚反命曰 天下
之賤工也 或以告王良 良曰 請復之 彊而後可 一朝而獲十禽 嬖
奚反命曰 天下之良工也 簡子曰 我使掌與㉠女乘 謂王良 良不可
曰 吾爲之㉮範我馳驅 終日不獲一 爲之㉯詭遇 一朝而獲十 詩云
不失其馳 舍矢如破 我不貫與小人乘 請辭

34. ㉠이 지칭하는 대상은?

① 趙簡子   ② 王良   ③ 嬖奚   ④ 賤工

35. ㉮와 ㉯의 관계로 적절한 것은?

① ㉮: 正道, ㉯: 邪道   ② ㉮: 偶然, ㉯: 必然
③ ㉮: 小人, ㉯: 君子   ④ ㉮: 緊張, ㉯: 弛緩

주관식 15문항

[주1~주2] 밑줄 친 한자의 음을 문맥에 맞게 차례로 쓰시오.

주1.
權然後 知輕重 ㉠度然後 知長短 物皆然 心爲甚 王請㉡度之

(㉠   ,㉡   )

주2.
(가) 欲㉠辟土地 朝秦楚 莅中國而撫四夷也
(나) 伯夷㉡辟紂 居北海之濱 聞文王作 興曰 盍歸乎來

(㉠   ,㉡   )

[주3~주4] 밑줄 친 한자의 뜻을 문맥에 맞게 쓰시오.

주3.
(가) 枉己者 未有能㉠直人者也
(나) 以五十步笑百步 則何如 曰不可 ㉡直不百步耳 是亦走也

(㉠   ,㉡   )

주4.
獸相食 且人㉠惡之 爲民父母 行政 不免於率獸而食人 ㉡惡
在其爲民父母也

(㉠   ,㉡   )

[주5~주7] 다음 각 문장의 밑줄 친 단어를 漢字로 쓰시오.

주5. 國君 進賢 如부득이   (   )

주6. 동용주선 中禮者 盛德之至也   (   )

주7. 今王 발정시인 使天下仕者 皆欲立於王之朝   (   )

주8.　(가) 墨子 兼○ 摩頂放踵 利天下 爲之
　　　(나) 父母○之 喜而不忘 父母惡之 勞而不怨　　　　　(　　　　　)

주9.　(가) 親親 仁也 敬長 ○也 無他 達之天下也
　　　(나) 惡佞 恐其亂○也 惡利口 恐其亂信也　　　　　(　　　　　)

주10.　(가) 堯 以不得○ 爲己憂
　　　(나) 以堯爲君而有象 以瞽瞍爲父而有○　　　　　(　　　　　)

주11. 非其道 則一簞食 (於 受 可 不 人)
　→ (　　　　　　　　　　　　　　　)
　　〈풀이〉 그 도가 아니라면 한 그릇의 밥이라도 남에게 받아서는 안 된다.

주12. 吾聞之也 君子 (儉 不 天 親 下 其 以)
　→ (　　　　　　　　　　　　　　　)
　　〈풀이〉 내가 들으니 군자는 천하 때문에 그 어버이에게 검소하게 하지 않는다.

주13. 如有不嗜殺人者 則天下之民 <u>皆引領而望之矣</u>
　→ (　　　　　　　　　　　　　　　　　　　　)

주14. 王好戰 請以戰喩 塡然鼓之 兵刃旣接 <u>棄甲曳兵而走</u>
　→ (　　　　　　　　　　　　　　　　　　　　)

주15. 願<u>比死者 一洒之</u> 如之何則可
　→ (　　　　　　　　　　　　　　　　　　　　)

동양고전 孟子敎育師 연습문제

객관식 35문항

[1~5] 다음 물음에 답하시오.

1. 한문과 과목의 성격으로 적절하지 <u>않은</u> 것은?

① 다른 교과의 학습에 도움을 주는 도구 교과이다.

② 선인들의 삶과 지혜, 사상과 감정을 이해하는데 도움을 준다.

③ 전통 문화의 답습과 한자 문화권 내의 위계적 질서 강화에 기여한다.

④ 한자로 기록된 각종 한문을 이해하는데 기본적인 능력을 향상시킨다.

2. 다음 중 『孟子』에 대한 설명으로 적절한 것은?

① 맹자가 자신의 일생을 회고하며 혼자 직접 지었다.

② 총 8篇 16개의 章으로 구성되어 있다.

③ 仁政을 제창하고, 그 이론적 근거로 性善說을 주장하였다.

④ 「堯曰」에는 맹자와 요임금의 대화가 주로 담겨 있다.

3. 다음 중 孟子에 대한 설명으로 적절하지 <u>않은</u> 것은?

① 이름은 軻이다.

② 字는 子輿로 알려져 있다.

③ 王道政治를 비판하였다.

④ 墨翟를 비판하였다.

4. 孟子가 살던 시대에 대한 설명으로 적절한 것은?

① 堯舜의 정치로 천하가 안정을 찾았다.

② 殷왕조가 멸망하고 周왕조가 새로 수립되었다.

③ 周왕조는 명분만 존재하고 제후국들이 난립하였다.

④ 秦나라가 15년 만에 망하여 천하가 어지러웠다.

5. 다음 중 孟子의 제자가 <u>아닌</u> 사람은?

① 萬章   ② 孟武伯   ③ 公孫丑   ④ 孟仲子

6. 문맥상 ㉠과 ㉡의 품사로 적절한 것은?

> (가) 王曰 叟不遠千里而來 亦將有以㉠利吾國
>
> (나) 孟子對曰 王 何必曰㉡利 亦有仁義而已矣

① ㉠: 명사 ㉡: 동사 　　② ㉠: 동사 ㉡: 명사

③ ㉠: 동사 ㉡: 동사 　　④ ㉠: 대명사 ㉡: 명사

7. ㉠의 문장구조로 적절한 것은?

> 湯誓曰 ㉠時日害喪 予及女 偕亡 民欲與之偕亡 雖有臺池鳥
> 獸 豈能獨樂哉

① 주술구조　　② 술목구조　　③ 술보구조　　④ 수식구조

8. ㉠의 문장 형식으로 적절한 것은?

> ㉠男女授受不親 禮與 孟子曰 禮也

① 의문형　　② 평서형　　③ 한정형　　④ 사동형

9. 다음 중 밑줄 친 '爲' 의 활용이 나머지와 다른 하나는?

① 文王 以民力爲臺爲沼 而民歡樂之 謂其臺曰靈臺

② 仲尼曰 始作俑者 其無後乎 爲其象人而用之也

③ 曰 今有受人之牛羊而爲之牧之者 則必爲之求牧與芻矣

④ 則是方四十里 爲阱於國中 民以爲大 不亦宜乎

10. 다음 중 밑줄 친 '使' 의 활용이 나머지와 다른 하나는?

① 舜使益掌火 益烈山澤而焚之 禽獸逃匿

② 曰行或使之 止或尼之 行止 非人所能也

③ 季孫曰 異哉 子叔疑 使己爲政 不用則亦已矣

④ 吾之不遇魯侯 天也 臧氏之子 焉能使予不遇哉

11. <u>揠苗助長</u>

① 묘가 잘 자라도록 거름을 줌.

② 기지를 발휘하여 위기를 모면함.

③ 농사를 지어 부모를 공양함.

④ 성공을 서두르다 도리어 해를 당함.

12. 曰<u>殘賊之人</u>謂之一夫

① 仁義를 해친 사람.

② 도적들을 물리친 사람.

③ 학식이 많은 사람.

④ 학식이 부족한 사람.

13. 以力服人者 非心服也 力不贍也 <u>以德服人者</u> 中心悅而誠服也

① 거짓으로 남을 속인 자.

② 덕으로써 남을 복종시키는 자.

③ 힘으로 남을 누르는 자.

④ 은혜를 입어서 남에게 감화된 자.

14. 今滕<u>絶長補短</u> 將五十里也 猶可以爲善國

① 길고 짧은 것은 직접 비교해보아야만 안다.

② 나이 많은 사람과의 관계를 끊고, 젊은 사람들끼리만 어울린다.

③ 부족한 부분을 서로서로 보충해준다.

④ 사람은 누구에게나 장단점이 있다.

15. 昔者 孔子沒 三年之外門人 <u>治任將歸</u> 入揖於子貢 相嚮而哭 皆失
聲然後歸

① 임무를 완수하고 朝廷으로 돌아가려고 한다.

② 짐을 꾸리고 고향으로 돌아가려고 한다.

③ 맡은 바 임무를 수행하고자 부임지로 떠나려고 한다.

④ 3년 상을 치루기 위해서 魯나라로 돌아가려고 한다.

16. ① 且君之欲見之也∨何爲也哉∨曰爲其多聞也∨爲其賢也
    ② 且君之∨欲見之也∨何爲∨也哉曰∨爲其多聞也∨爲其賢也
    ③ 且∨君之∨欲見之也∨何∨爲也哉∨曰爲其多∨聞也∨爲其賢也
    ④ 且君之∨欲見之也∨何∨爲也哉∨曰爲其多∨聞也爲其賢也

17. ① 孟子曰∨昔∨齊景公田∨招虞人以旌∨不至∨將殺之
    ② 孟子曰∨昔齊景公∨田招∨虞人∨以旌不至∨將殺之
    ③ 孟子曰∨昔∨齊景公∨田招虞∨人以旌不至將∨殺之
    ④ 孟子曰∨昔∨齊景公∨田招虞∨人以旌∨不至將∨殺之

18. | 齊宣王問曰 湯放(㉠) 武王伐(㉡) 有諸 孟子對曰 於傳有之 |

① ㉠: 紂, ㉡: 桀　　　　② ㉠: 盜跖, ㉡: 桀
③ ㉠: 桀, ㉡: 紂　　　　④ ㉠: 禹, ㉡: 堯

19. | 敢問夫子 惡乎長 曰我知言 我善養吾(　　　　) |

① 一夫之勇　　② 浩然之氣　　③ 天地之氣　　④ 天下之勇

20. | 告子曰 性 猶(　　)也 決諸東方則東流 決諸西方則西流 人性之無分於善不善也 猶水之無分於東西也 |

① 流水　　　　　　　　② 遡水
③ 瀑布水　　　　　　　④ 湍水

21.

| (가) 至大至剛 | (나) 則塞于天地之間 |
| (다) 其爲氣也 | (라) 以直養而無害 |

① (다)(가)(라)(나) ② (다)(나)(가)(라)
③ (다)(나)(라)(가) ④ (가)(나)(다)(라)

22.

(가) 梁惠王曰 寡人之於國也 盡心焉耳矣
(나) 隣國之民 不加少 寡人之民 不加多 何也
(다) 察隣國之政 無如寡人之用心者
(라) 河內凶 則移其民於河東 移其粟於河內 河東凶 亦然

① (나)(가)(라)(다) ② (나)(가)(다)(라)
③ (가)(라)(다)(나) ④ (다)(나)(가)(라)

曰王無異於百姓之以王爲愛也 以小易大 彼㉮惡知之 王若隱其無罪
而就死地 則牛羊 何擇焉 王笑曰 是誠何心哉 ㉠<我非愛其財而㉯易
之以羊也> 宜乎百姓之謂我愛也

23. 윗글에 대한 설명으로 적절한 것은?

① 왕은 재물을 아끼려는 마음이 있었다.

② 백성들은 왕이 재물을 아끼려 했다고 생각하였다.

③ 왕은 재물을 아끼려는 마음이 없었기 때문에, 양을 소로 바꾸었다.

④ 왕은 소를 양으로 바꾼 자신의 심리 상태를 알고 있었다.

24. 문맥상 ㉮와 ㉯의 독음으로 적절한 것은?

① ㉮: 악 ㉯: 역 ② ㉮: 악 ㉯: 이 ③ ㉮: 오 ㉯: 역 ④ ㉮: 오 ㉯: 이

25. < >로 묶은 ㉠을 표현하기에 적절한 것은?

① 羞惡之心   ② 辭讓之心   ③ 是非之心   ④ 惻隱之心

> (가) 孟子曰 離婁之明 公輸子之巧 不以㉠規矩 不能成方員 師曠之
> 聰 不以六律 不能正五音 堯舜之道 不以仁政 不能平治天下
> (나) 暴其民甚則身弑國亡 不甚則身危國削 名之曰幽厲 雖孝子慈孫
> 百世不能改也

26. ㉠과 바꿔 쓰기에 가장 적절한 것은?

　① 準則　　　　② 勇氣　　　　③ 仁心　　　　④ 謙遜

27. (가)에 나타난 孟子의 주장과 상통하는 문장으로 적절한 것은?

　① 天下有道則見 無道則隱

　② 吾嘗終日不食 終夜不寢 以思 無益 不如學也

　③ 人之所不學而能者 其良能也 所不慮而知者 其良知也

　④ 故曰爲高必因丘陵 爲下 必因川澤 爲政 不因先王之道 可謂智乎

28. (나)의 속뜻을 잘 이해한 것은?

　① 백성들에게 포학하게 해도 나라가 망하는 지경에 이르는 것은 아니다.

　② 폭군이라는 오명을 얻었어도 자손만 훌륭하면 된다.

　③ 효자와 자손이 있더라도 선왕의 나쁜 시호를 고치지는 못한다.

　④ 幽·厲같은 훌륭한 이름으로 불리면, 효자, 자손이라도 백세토록 고칠 수 없다.

> (가) 或問乎㉠曾西曰 吾子與子路孰賢
> (나) 詩曰 天之方ⓐ蹶 無然ⓑ泄泄
> (다) 孟子曰 三代之得天下也 ⓒ以仁 其失天下也 以不仁
> (라) 今 ⓓ惡死亡而樂不仁 ㉡是猶惡醉而强酒

29. ㉠에 해당하는 인물은 누구인가?

　① 曾子 自身　　② 曾子의 父　　③ 曾子의 子　　④ 曾子의 孫

30. 문맥상 ⓐ~ⓓ의 의미가 잘못 연결된 것은?

　① ⓐ: 쓰러뜨리다.　② ⓑ: 태만하다.　③ ⓒ: 위하다.　④ ⓓ: 싫어하다.

31. ㉡과 의미가 상통하지 않는 것은?

　① 朝令暮改　　② 表裏不同　　③ 自家撞着　　④ 自己矛盾

> (가) 孟子曰 桀紂之失天下也 失其民也 失其民者 失其心也 得天下有
>   道 得其民 斯得天下矣 得其民有道 得其心 斯得民矣 得其心有
>   道 所欲 與之聚之 所惡 勿施爾也
>
> (나) 孟子曰 原泉 混混 不舍晝夜 盈科而後進 放乎四海 有本者如是
>   是之取爾

32. (가)에 대한 설명으로 알맞은 것은?

① 백성의 마음을 얻는 방법은 그들과 더불어 재물을 취하는 것이다.

② 천하를 얻는 데에는 어떠한 방법도 없다.

③ 己所不欲 勿施於人의 가르침과 통한다.

④ 백성들을 얻는 것과 백성들의 마음을 얻는 것은 관련이 없다.

33. (나)에서 孟子가 말하고 있는 대상으로 적절한 것은?

① 百姓   ② 君主   ③ 臣下   ④ 學者

> (가) 萬章曰 ㉠父母愛之 喜而不忘 父母惡之 勞而不怨 然則舜怨乎
> (나) 禹稷 當平世 ㉡三過其門而不入 孔子賢之

34. ㉠을 표현할 수 있는 단어로 적절한 것은?

① 孝道   ② 忠誠   ③ 外面   ④ 滯念

35. ㉡을 표현하기에 적절한 성어는?

① 泉石膏肓   ② 朝三暮四   ③ 閉關不出   ④ 先公後私

[주1~주2] 밑줄 친 한자의 음을 문맥에 맞게 차례로 쓰시오.

주1. (가) 樂歲 終身飽 凶年 免於死㉠亡
　　 (나) 曾元養曾子 必有酒肉 將徹 不請所與 問有餘 曰㉡亡矣

　　　　　　　　　　　　　　　　　　　　（㉠　　　　　，㉡　　　　　）

주2. (가) 不違農時 穀不可勝食也 ㉠數罟 不入洿池 魚鼈 不可勝食也
　　 (나) 百畝之田 勿奪其時 ㉡數口之家 可以無飢矣

　　　　　　　　　　　　　　　　　　　　（㉠　　　　　，㉡　　　　　）

[주3~주4] 밑줄 친 한자의 뜻을 문맥에 맞게 쓰시오.

주3. (가) 陳良之㉠徒陳相 與其弟辛 負耒耜而自宋之滕
　　 (나) 故曰㉡徒善不足以爲政 ㉡徒法不能以自行

　　　　　　　　　　　　　　　　　　　　（㉠　　　　　，㉡　　　　　）

주4. (가) 曰國君 進賢 如不得已 將㉠使卑踰尊 疏踰戚 可不愼與
　　 (나) 伯夷 目不視惡色 耳不聽惡聲 非其君不事 非其民不㉡使

　　　　　　　　　　　　　　　　　　　　（㉠　　　　　，㉡　　　　　）

[주5~주7] 다음 각 문장의 밑줄 친 단어를 漢字로 쓰시오.

주5. 詩云 經始靈臺 <u>경지영지</u> 庶民攻之 不日成之 （　　　　　　　　）

주6. <u>계돈구체</u>之畜 無失其時 七十者可以食肉矣 （　　　　　　　）

주7. <u>일단사 일두갱</u> 得之則生 弗得則死 （　　　　　　　）

주8.　(가) 孟子曰 五○者 三王之罪人也
　　　(나) 以力假仁者 ○ 霸必有大國 以德行仁者 王 王不待大

（　　　　　　　　　　　）

주9.　(가) 養生喪死 無憾 ○道之始也
　　　(나) 君子有三樂而○天下不與存焉

（　　　　　　　　　　　）

주10.　(가) 惟天 爲大 惟堯則之 蕩蕩乎民無能○焉
　　　　(나) 孟子曰 好○之人 能讓千乘之國 苟非其人 簞食豆羹 見於色

（　　　　　　　　　　　）

주11. 天時 (不 利 地 如)　　→ (　　　　　　　　　)

　　<풀이> 하늘이 내린 좋은 기회가 지리적 우세만 못하다.

주12. (樂 樂 樂 樂 獨 與 人) 孰樂

　→ (　　　　　　　　　)

　　<풀이> 홀로 음악을 즐기는 것과 다른 사람과 더불어 음악을 즐기는 것이 어느
　　　　　것이 더 즐겁습니까?

주13. 后稷 教民稼穡 <u>樹藝五穀</u>

　（　　　　　　　　　　　　　　　　　　　　　　）

주14. 吾聞出於幽谷 遷于喬木者 <u>未聞下喬木而入於幽谷者</u>

　（　　　　　　　　　　　　　　　　　　　　　　）

주15. 文王 <u>生於岐周 卒於畢郢</u> 西夷之人也

　（　　　　　　　　　　　　　　　　　　　　　　）

객관식 35문항

[1~5] 다음 물음에 답하시오.

1. 한문과 교수·학습 방법을 세울 때에 고려해야 할 사항으로 적절한 것은?
   ① 문법이나 독해 위주의 획일적 학습 방법을 지향한다.
   ② 한자와 한문에 학습 부담을 느낄 수 있도록 계획한다.
   ③ 문장의 구조, 형식에 대한 공부는 올바른 독해를 위한 공부임에 유의한다.
   ④ 컴퓨터와 멀티미디어 자료보다는 필기를 적극 활용한 학습 방법을 세운다.

2. 다음 중 『孟子』에 대한 설명으로 적절한 것은?
   ① 총 8篇 16개의 章으로 구성되어 있다.
   ② 맹자가 말년에 고향으로 돌아와 冉有의 제자들과 함께 지었다.
   ③ 仁政을 제창하고, 그 이론적 근거로 性無善惡說을 주장하였다.
   ④ 『맹자』의 끝부분에는 堯—舜—湯—文王—孔子로 이어지는 道統이 실려 있다.

3. 다음 중 孟子에 대한 설명으로 적절하지 <u>않은</u> 것은?
   ① 王道政治를 주장하였다.
   ② 春秋時代 초기 사상가이다.
   ③ 齊宣王과 梁惠王은 그의 사상을 迂闊하다고 여겼다.
   ④ 《列女傳》에 '孟母三遷', '孟母斷機'의 故事가 실려 있다.

4. 孟子가 살던 시대에 대한 설명으로 적절하지 <u>않은</u> 것은?
   ① 孟子가 異端으로 보았던 사상가는 楊朱와 墨翟이다.
   ② 당시 秦나라는 商鞅을 등용하여 覇道政治를 추구하고 있었다.
   ③ 당시 제후국들은 孟子가 주장한 井田制를 실시하려고 하였다.
   ④ 제후들은 富國强兵과 合從連衡을 이야기하면서 땅이 부족한 것만을 걱정했다.

5. 다음 중 『孟子』의 제자가 <u>아닌</u> 사람은?
   ① 桃應　　　　② 陳代　　　　③ 咸丘蒙　　　　④ 愼子

6. 문맥상 ㉠과 ㉡의 품사로 적절한 것은?

> (가) 告子曰 性㉠<u>猶</u>杞柳也 義猶桮棬也
>
> (나) 孟子曰 待文王而後興者 凡民也 若夫豪傑之士 雖無文王 ㉡<u>猶</u>興

① ㉠: 형용사, ㉡: 형용사   ② ㉠: 형용사, ㉡: 부사

③ ㉠: 부사,   ㉡: 형용사   ④ ㉠: 부사,   ㉡: 부사

7. ㉠의 문장구조로 적절한 것은?

> 孟子曰 ㉠<u>萬物皆備於我矣</u> 反身而誠 樂莫大焉

① 주술구조   ② 주술목구조   ③ 술보구조   ④ 주술보구조

8. ㉠의 문장의 형식으로 적절한 것은?

> 孟子曰 盡其心者 知其性也 ㉠<u>知其性則知天矣</u>

① 가정형   ② 평서형   ③ 의문형   ④ 피동형

9. 다음 중 밑줄 친 '與'의 활용이 나머지와 <u>다른</u> 하나는?

① 今日性善 然則彼皆非<u>與</u>

② 孟子曰 生之謂性也 猶白之謂白<u>與</u>

③ 然則犬之性 猶牛之性 牛之性 猶人之性<u>與</u>

④ 故凡同類者 擧相似也 何獨至於人而疑之 聖人<u>與</u>我同類者

10. 다음 중 밑줄 친 '於'의 활용이 나머지와 <u>다른</u> 하나는?

① 生亦我所欲 所欲 有甚<u>於</u>生者 故不爲苟得也

② 口之<u>於</u>味 有同耆也 易牙 先得我口之所耆者也

③ 惟耳亦然 至<u>於</u>聲 天下期<u>於</u>師曠 是天下之耳相似也

④ 其所以放其良心者 亦猶斧斤之<u>於</u>木也 旦旦而伐之

11. <u>集大成</u>

　① 많은 사람이 모여 있음.
　② 많은 건축물들이 밀집해 있음.
　③ 정치가들이 **政務**를 맡아봄.
　④ 여러 가지를 모아 하나의 체계를 완성함.

12. <u>市井之臣</u>

　① 쓸모없는 신하.
　② 지방에서 벼슬하는 사람.
　③ 저잣거리를 **徘徊**하는 무리.
　④ 벼슬하지 않고 **國都**에 사는 사람.

13. <u>數罟</u>

　① 몇 개의 그물.
　② 그물에 얽혀듦.
　③ 그물의 개수를 셈.
　④ 눈을 썩 잘게 떠서 촘촘하게 만든 그물.

14. <u>君子遠庖廚</u>

　① **君子**는 푸줏간 일에 서툴다.
　② **君子**는 푸줏간 일을 돕지 않는다.
　③ **君子**가 푸줏간을 멀리함은 **惻隱之心** 때문이다.
　④ **君子**의 거처는 푸줏간과 멀리 떨어져 있어야 한다.

15. 其爲氣也 至大至剛 以直養而無害 則<u>塞于天地之間</u>

　① **天地** 사이에 막혀 있다.
　② **天地** 사이에 떠 있다.
　③ **天地** 사이에 꽉 차게 된다.
　④ **天地**를 보루로 삼는다.

16. ① 孟子曰∨道在爾而求諸遠∨事在易而求諸難
　　② 孟子曰∨道在爾而∨求諸遠事∨在易而∨求諸難
　　③ 孟子曰∨道在∨爾而求∨諸遠事∨在易∨而求諸難
　　④ 孟子曰∨道在爾∨而求諸∨遠事∨在易∨而求諸∨難

17. ① 孟子曰∨天下有道∨以道殉身天∨下無道∨以身殉道
　　② 孟子曰∨天下有道以道∨殉身天下∨無道∨以身殉道
　　③ 孟子曰∨天下有道∨以道殉身∨天下無道∨以身殉道
　　④ 孟子曰∨天下∨有道以道∨殉身∨天下無∨道以身∨殉道

18. | 孟子曰　博學而(　　)之　將以反說約也 |

　① 審問　　　② 詳說　　　③ 明辯　　　④ 獨行

19. | 孟子曰　仁人心也　義(　　)也 |

　① 人路　　　② 權道　　　③ 人舍　　　④ 權衡

20. | 城非不高也　池非不深也　兵革　非不堅利也　米粟　非不多也　委而去之 是(　　)也 |

　① 地利不如天時　　　　② 天時不如地利

　③ 地利不如人和　　　　④ 人和不如地利

21.

(가) 出入無時	(나) 莫知其鄕
(다) 惟心之謂與	(라) 孔子曰 操則存 舍則亡

① (라) (나) (다) (가)   ② (나) (다) (가) (라)
③ (나) (가) (라) (다)   ④ (라) (가) (나) (다)

22.

(가) 其中 非爾力也	(나) 其至 爾力也
(다) 由射於百步之外也	(라) 智譬則巧也 聖譬則力也

① (가) (나) (다) (라)   ② (라) (다) (나) (가)
③ (라) (다) (가) (나)   ④ (나) (라) (가) (다)

(가) 孟子曰 伯夷 聖之(㉠)者也 伊尹 聖之(㉡)者也 柳下惠 聖之(㉢)者也 孔子 聖之(㉣)者也

(나) 孔子之謂(㉤), (㉥)也者 金聲而玉振㉮之也 金聲也者 始條理也 玉振之也者 終條理也 始條理者 智之事也 終條理者 聖之事也

23. ㉠~㉣에 들어갈 한자가 순서대로 알맞게 짝지어진 것은?
① 淸-任-和-時   ② 和-淸-時-任
③ 和-任-時-淸   ④ 淸-時-任-和

24. ㉤과 ㉥에 공통으로 들어갈 한자어로 알맞은 것은?
① 聖人   ② 賢人   ③ 太師   ④ 集大成

25. ㉮와 쓰임이 같은 것은?
① 古之人 與民偕樂 故能樂也

② 樂歲 終身飽 凶年 免於死亡 然後驅而之善 故民之從之也輕

③ 萬乘之國 弑其君者 必千乘之家 千乘之國 弑其君者 必百乘之家

④ 湯誓曰 時日害喪 予及女 偕亡 民欲與之偕亡 雖有臺池鳥獸 豈能獨樂哉

> 孟子曰 昔 齊景公㉠田 ㉡招虞人以旌 不至 將殺之 志士 ㉮不忘在溝
> 壑 勇士 不忘喪其㉢元 孔子 ㉣奚取焉 ㉯取非其招不往也 如不待其
> 招而往 何哉

26. ㉠~㉣ 중 뜻이 통하는 한자로 연결되지 않은 것은?
　① ㉠: 獵　　　② ㉡: 召　　　③ ㉢: 首　　　④ ㉣: 雖

27. ㉮의 의미로 옳은 것은?
　① 도랑에 빠진 것을 모른다.　　② 도랑에 빠질 것을 모른다.
　③ 도랑에 빠져도 뜻을 잃지 않는다.　④ 시신이 도랑에 굴러도 恨하지 않는다.

28. ㉯의 내용과 관계있는 성어는?
　① 輕擧妄動　② 非禮不動　③ 改過遷善　④ 見危授命

> 彭更問曰　後車數十乘　從者數百人　㉠以傳食於諸侯　不以㉮泰乎
> 孟子曰　非其道　則一簞㉡食不可受於人　如其道　則舜受堯之天下
> 不以爲泰　子以爲泰乎　曰否　士無事而㉢食　不可也

29. ㉠을 표현하기에 적절한 것은?
　① 제후들을 봉양하다.
　② 제후들에게 軍糧을 빌리다.
　③ 제후들에게 軍糧을 보내 주다.
　④ 제후들에게 돌아가며 밥을 얻어먹다.

30. ㉮의 뜻은?
　① 크다　　　② 너그럽다　　③ 편안하다　　④ 지나치다

31. ㉡과 ㉢의 음으로 바른 것은?
　① ㉡: 사, ㉢: 식　　　　② ㉡: 사, ㉢: 사
　③ ㉡: 식, ㉢: 사　　　　④ ㉡: 식, ㉢: 식

[32~33] 다음 글을 읽고 물음에 답하시오.

> 世衰道微 邪說暴行 有作 臣弑其君者有之 子弑其父者有之 ㉠孔子懼 作春秋 春秋 天子之事也 是故 孔子曰 ㉡知我者 其惟春秋乎 罪我者 其惟春秋乎

32. 평소 ㉠이 밑바탕에 깔고 있던 사상은?

① 孝　② 仁　③ 義　④ 智

33. ㉡의 속뜻으로 적절한 것은?

① 『春秋』는 어려운 책이다.

② 『春秋』만이 나의 유일한 벗이다.

③ 『春秋』는 읽어볼 만한 책이다.

④ 『春秋』를 통해 내 功罪가 평가될 것이다.

[34~35] 다음 글을 읽고 물음에 답하시오.

> 有孺子歌曰 滄浪之水淸兮 可以濯我纓 滄浪之水濁兮 可以濯我足 孔子曰 小子聽之 淸斯濯纓 濁斯濯足矣 自取之也 夫人必自侮然後 ㉠人侮之 家必自毁而後 人毁之 國必自伐而後 人伐之 太甲曰 ㉮天作孼猶可違 ㉯自作孼不可活 此之謂也

34. ㉠이 지칭하는 대상은?

① 孺子　② 孔子　③ 자기 자신　④ 다른 사람

35. ㉮와 ㉯를 바꾸어 표현하기에 적절한 것은?

① ㉮: 天災, ㉯: 人災　② ㉮: 無極, ㉯: 太極

③ ㉮: 無爲, ㉯: 自然　④ ㉮: 因果, ㉯: 應報

[주1~주2] 밑줄 친 한자의 음을 문맥에 맞게 차례로 쓰시오.

주1. (가) 王說曰 詩云 他人有心 予忖㉠度之 夫子之謂也
　　 (나) 上無道揆也 下無法守也 朝不信道 工不信㉡度 君子犯義
　　　　 小人犯刑 國之所存者幸也

　　　　　　　　　　　　　　　　　　　　(㉠　　　　　, ㉡　　　　　　)

주2. (가) 齊宣王問曰 人皆謂我毀明堂 毀㉠諸已乎
　　 (나) 左右皆曰可殺 勿聽 ㉡諸大夫皆曰可殺 勿聽 國人皆曰
　　　　 可殺然後 察之

　　　　　　　　　　　　　　　　　　　　(㉠　　　　　, ㉡　　　　　　)

[주3~주4] 밑줄 친 한자의 뜻을 문맥에 맞게 쓰시오.

주3. (가) 願㉠比死者 一洒之 如之何則可
　　 (나) 昔者 齊景公 問於晏子曰 吾欲觀於轉附朝儛 遵海而南
　　　　 放于琅邪 吾何修而可以㉡比於先王觀也

　　　　　　　　　　　　　　　　　　　　(㉠　　　　　, ㉡　　　　　　)

주4. (가) 舜 爲法於天下 可傳於後世 我由未免爲㉠鄕人也 是則可憂也
　　 (나) 君不㉡鄕道 不志於仁 而求富之 是富桀也

　　　　　　　　　　　　　　　　　　　　(㉠　　　　　, ㉡　　　　　　)

주5. 孟子曰　君子有三樂而王天下不與存焉　父母俱存　<u>형제무고</u>　一樂也

（　　　　　　　　　　　）

주6. 孟子曰　子路　人告之以有過則喜　禹<u>문선언즉배</u>

（　　　　　　　　　　　）

주7. 學問之道　無他　<u>구기방심이이의</u>　　　　　（　　　　　　　　　　　）

주8. | (가) 公孫丑問曰　夫子當○於齊　管仲晏子之功　可復許乎
(나) 舍其○而不由　放其心而不知求　哀哉 |

（　　　　　　　　　　　）

주9. | (가) 孟子曰　水○無分於東西　無分於上下乎
(나) 君子　可欺以其方　難罔以非其道　彼以愛兄之道來　故誠○而喜之　奚僞焉 |

（　　　　　　　　　　　）

주10. | (가) 有人於此　力不能勝一匹雛　則爲無力人矣　今日擧百○　則爲有力人矣
(나) 公都子問曰　○是人也　或爲大人　或爲小人　何也 |

（　　　　　　　　　　　）

주11. 古之人 (其 天 而 修 人 爵 爵 之 從)
  → (   )
   <풀이> 옛사람은 그 天爵을 닦음에 人爵이 따라왔다.

주12. 詩云 (醉 飽 旣 旣 酒 德 以 以)
  → (   )
   <풀이> 《詩經》에 이르기를, "이미 술로 취하고 이미 德으로 충족한다." 하였다.

주13. 飮食之人 則人賤之矣 爲其養小以失大也
  → (   )

주14. 孟子曰 仁之勝不仁也 猶水勝火 今之爲仁者 猶以一杯水 救一車薪
    之火也
  → (   )

주15. 孟子曰 五穀者 種之美者也 苟爲不熟 不如荑稗 夫仁亦在乎熟之
    而已矣
  → (   )

大學 · 中庸 敎育師

（1회 ~ 3회）

객관식 35문항

[1~5] 다음 물음에 답하시오.

1. 동양고전을 배우는 목적으로 적절하지 <u>않은</u> 것은?
   ① 삶의 지혜를 배운다.
   ② 한문 독해능력 향상에 도움이 된다.
   ③ 한문으로 기록된 문화유산을 이해하고 계승 발전시킨다.
   ④ **漢字專用**운동에 앞장서서 **漢字**가 한글보다 우수함을 알린다.

2. 『**大學**』의 **三綱領**에 해당하지 <u>않는</u> 것은?
   ① **誠意**　　　② **明明德**　　　③ **親(新)民**　　　④ **止於至善**

3. 다음 중 설명이 적절하지 <u>않은</u> 것은?
   ① 『**大學**』과 『**中庸**』은 원래 『**禮記**』의 여러 편명 중 하나이다.
   ② 『**大學**』과 『**中庸**』의 **序文**은 **朱子**가 썼다.
   ③ 『**大學**』과 『**中庸**』은 **南宋** 때 **朱子**에 의해 **四書**에 포함되었다.
   ④ 『**中庸**』은 **孔子**의 제자인 **曾子**가 지은 책이다.

4. 『**大學**』에 대한 설명으로 바르지 <u>않은</u> 것은?
   ① 유교 경전의 하나이다.
   ② 『**大學**』에는 **經**과 **傳**의 구분이 있다.
   ③ 공자와 공자의 제자들이 주고받은 문답을 주된 내용으로 한다.
   ④ 『**大學**』은 **修身**과 **齊家**에 대한 내용을 **八條目**의 범주에 두었다.

5. 『**中庸**』에 대한 설명으로 바르지 <u>않은</u> 것은?
   ① **四書** 가운데 하나이다.
   ② 총 33장으로 구성되었다.
   ③ 본래 『**禮記**』의 한 편이었다.
   ④ 실생활에서의 예절규범이 주를 이루고 있다.

6. 문맥상 ㉠과 ㉡의 품사로 적절한 것은?

> (가) 物有本末 ㉠事有終始
> (나) 所惡於下 毋以㉡事上

① ㉠: 명사, ㉡: 동사   ② ㉠: 동사, ㉡: 명사
③ ㉠: 명사, ㉡: 명사   ④ ㉠: 동사, ㉡: 동사

7. ㉠의 문장구조로 적절한 것은?

> ㉠齊其家 在修其身者 人之其所親愛而辟焉

① 주술구조   ② 술목구조   ③ 주술목구조   ④ 주술보구조

8. ㉠의 문장의 형식으로 적절한 것은?

> 於止 知其所止 ㉠可以人而不如鳥乎

① 반어형   ② 사동형   ③ 피동형   ④ 금지형

9. 다음 중 밑줄 친 '夫' 의 활용이 나머지와 다른 하나는?
① 夫微之顯 誠之不可揜 如此夫
② 斯禮也 達乎諸侯 大夫及士庶人
③ 人道敏政 地道敏樹 夫政也者 蒲盧也
④ 今夫水 一勺之多 及其不測 黿鼉蛟龍魚鼈生焉

10. 다음 중 밑줄 친 '則' 의 활용이 나머지와 다른 하나는?
① 辟則爲天下僇矣
② 有所憂患 則不得其正
③ 財聚則民散 財散則民聚
④ 行而世爲天下法 言而世爲天下則

11. <u>無諸己而後非諸人</u>
 ① 후회해도 늦었다.
 ② 재물에 관심이 없다.
 ③ 자신이 먼저 모범을 보인다.
 ④ 가진 것이 없으면 베풀 수도 없다.

12. <u>十目所視 十手所指 其嚴乎</u>
 ① 안목이 넓다.
 ② 관찰력이 뛰어나다.
 ③ 성인도 똑같은 인간이다.
 ④ 세상 사람을 속일 수 없다.

13. 人莫知其子之惡 <u>莫知其苗之碩</u>
 ① 무식하다.
 ② 부지런하다.
 ③ 남의 것이 더 커 보인다.
 ④ 농사의 시기를 놓치다.

14. <u>燕毛</u> 所以序齒也
 ① 나이에 따라 서열을 둠.
 ② 경험에 따라 서열을 둠.
 ③ 벼슬에 따라 서열을 둠.
 ④ 건강상태에 따라 서열을 둠.

15. <u>衣錦尚絅</u>
 ① 준비를 철저히 함.
 ② 행동에 보람이 없음.
 ③ 이왕이면 비싼 것이 좋음.
 ④ 지나치게 드러나는 것을 꺼림.

16. ① 在上位不∨陵下∨在下位不∨援上
    ② 在上∨位不陵下∨在下∨位不援上
    ③ 在上位∨不陵下∨在下位∨不援上
    ④ 在∨上位不∨陵下在∨下位不∨援上

17. ① 君子∨和而不流∨强哉矯∨中立而不倚∨强哉矯
    ② 君子∨和而不∨流强哉矯∨中立而不∨倚强哉矯
    ③ 君子∨和而不流强∨哉矯中∨立而不倚强∨哉矯
    ④ 君子∨和而不流∨强哉矯中∨立而不倚∨强哉矯

18. 詩云 伐柯伐柯 其則不遠 執柯以伐柯 睨而視之 猶以爲遠 故
君子（　　　　）改而止

　① 以徵幸　　　② 以人治人　　③ 修道以仁　　④ 可以與天地

19. 君子 依乎（　　　　）遯世不見知而不悔 唯聖者能之

　① 明德　　　　② 忠恕　　　　③ 黎民　　　　④ 中庸

20. 生財有大道 生之者衆 食之者寡 爲之者疾 用之者舒 則（　　　　）

　① 財恒足矣　　② 天下平　　　③ 前王不忘　　④ 此謂知本

21.
> (가) 欲誠其意者 先致其知 致知 在格物
> (나) 古之欲明明德於天下者 先治其國
> (다) 欲修其身者 先正其心 欲正其心者 先誠其意
> (라) 欲治其國者 先齊其家 欲齊其家者 先修其身

① (나)(다)(라)(가) 　　② (나)(라)(다)(가)
③ (가)(라)(나)(다) 　　④ (가)(다)(라)(나)

22.
> (가) 思事親 不可以不知人 　(나) 君子 不可以不修身
> (다) 思知人 不可以不知天 　(라) 思修身 不可以不事親

① (가)(나)(다)(라) 　　② (다)(가)(라)(나)
③ (나)(라)(가)(다) 　　④ (나)(라)(다)(가)

> 博學之 審問之 (㉠)思之 (㉡)辨之 篤行之 有弗學 學之 弗能 弗措
> 也 有弗問 問之 弗知 弗措也 有弗思 思之 弗得 弗措也 有弗辨
> 辨之 弗明 弗措也 有弗行 行之 弗篤 弗措也 人一能之 己百之 ㉢
> 人十能之 己千之 ㉣果能此道矣 雖愚 必明 雖柔 必强

23. 문맥상 ㉠과 ㉡에 들어갈 알맞은 말은?
① ㉠: 謹, ㉡: 賢 　　② ㉠: 虔, ㉡: 哲
③ ㉠: 愼, ㉡: 明 　　④ ㉠: 警, ㉡: 亮

24. ㉢의 해석으로 적절한 것은?
① 사람 열 명이서 천 명의 하는 일을 한다.
② 남이 열 번 만에 능히 하거든 나는 천 번이라도 해서 능해야 한다.
③ 남이 열 번에 할 수 있는 것도 나는 천 번해야 할 수 있다.
④ 열 명의 사람이 능히 할 수 있는 것도 천 명의 사람이 필요하다.

25. ㉣의 뜻으로 적절한 것은?
① 果然 　　② 果實 　　③ 果斷 　　④ 效果

(가) 所謂平天下 在治其國者 上ⓐ老老而民興孝 上ⓑ長長而民興ⓒ弟 上恤孤而民不倍 是以 君子有(㉠)也

(나) 所惡於上 毋以使下 所ⓓ惡於下 毋以事上 所惡於前 ㉡毋以先後 所惡於後 毋以從前 所惡於右 毋以交於左 所惡於左 毋以交於右 此之謂(㉢)

26. 문맥상 ⓐ~ⓓ의 의미가 바른 것은?

① ⓐ: 노인으로 대우하다　　② ⓑ: 장수하다

③ ⓒ: 아우　　④ ⓓ: 나쁘다

27. ㉡대신 쓸 수 있는 것은?

① 莫　　② 使　　③ 如　　④ 安

28. ㉠과 ㉢에 공통으로 들어가기에 적절한 것은?

① 在齊其家　② 絜矩之道　③ 在正其心　④ 聖人之道

(가) (㉠)之道 辟(譬)如行遠必ⓐ自邇 辟如登高必自卑

(나) 誠者 物之終始 不誠 無物 是故 (㉡) 誠之爲貴

29. 밑줄 친 '自'의 활용이 ⓐ와 같은 것은?

① 如琢如磨者 自修也　　② 自天子 以至於庶人

③ 所謂誠其意者 毋自欺也　　④ 君子 無入而不自得焉

30. (가)와 의미가 통하는 우리말 속담은?

① 입술이 없으면 이가 시리다.　　② 밤말은 쥐가 듣고 낮말은 새가 듣는다.

③ 맑은 물에 고기 안 논다.　　④ 천 리 길도 한 걸음부터.

31. ㉠과 ㉡에 공통으로 들어가기에 적절한 것은?

① 君子　　② 天下　　③ 至誠　　④ 小人

> 大學之書 古之大學 所以ⓐ教人之法也 蓋自天ⓑ降生民 則旣莫不
> ⓒ與之以(㉠)之性矣 然 其氣質之稟 或不能ⓓ齊 是以 不能皆
> 有以知其性之所有而全之也

32. 문맥상 ⓐ~ⓓ의 의미가 <u>잘못</u> 연결된 것은?

  ① ⓐ: 가르치다　　　　　　② ⓑ: 항복하다

  ③ ⓒ: 부여하다　　　　　　④ ⓓ: 같다

33. ㉠에 들어갈 알맞은 것은?

  ① 四端七情　　② 禮儀廉恥　　③ 仁義禮智　　④ 喜怒哀樂

> 堯舜 ⓐ帥天下以仁 而民從之 桀紂帥天下以暴 而民從之 其所ⓑ令
> 反其所好 而民不從 是故 君子 有ⓒ諸己而後求諸人 無諸己而後ⓓ
> 非諸人 所藏乎身 不(㉠) 而能喩諸人者未之有也

34. 문맥상 ⓐ~ⓓ의 의미가 <u>잘못</u> 연결된 것은?

  ① ⓐ: 거느리다　　　　　　② ⓑ: 명령하다

  ③ ⓒ: 모든　　　　　　　　④ ⓓ: 비난하다

35. 문맥상 ㉠에 들어갈 알맞은 말은?

  ① 忠　　　　　② 仁　　　　　③ 善　　　　　④ 恕

[주1~주2] 밑줄 친 한자의 음을 문맥에 맞게 차례로 쓰시오.

주1. (가) ㉠辟如天地之無不持載 無不覆幬
(나) 驅而納諸罟攫陷阱之中而莫之知㉡辟也

(㉠   ,㉡   )

주2. (가) 晦盲㉠否塞 反覆沈痼
(나) 其本亂而末治者㉡否矣

(㉠   ,㉡   )

[주3~주4] 밑줄 친 한자의 뜻을 문맥에 맞게 쓰시오.

주3. (가) 此謂唯仁人 爲能愛人 能㉠惡人
(나) 舜 好問而好察邇言 隱㉡惡而揚善 執其兩端 用其中於民

(㉠   ,㉡   )

주4. (가) 衽金革 死而不㉠厭 北方之强也 而强者居之
(나) 見君子而后 ㉡厭然揜其不善 而著其善

(㉠   ,㉡   )

[주5~주7] 다음 ○안에 공통으로 들어갈 漢字를 쓰시오.

주5. (가) 心不在焉 視而不見 聽而不聞 ○而不知其味
(나) 春秋 修其祖廟 陳其宗器 設其裳衣 薦其時○

(   )

주6. (가) 子曰 武王周公 其達○矣乎
(나) 夫○者 善繼人之志 善述人之事者也

(   )

주7. (가) 詩云 邦畿千里 惟民所○
(나) 大學之道 在明明德 在親民 在○於至善

(   )

주8. 君子 <u>화이불류</u> 强哉矯 中立而不倚 强哉矯　　　(　　　　　　　　)

주9. <u>지성무식</u> 不息則久 久則徵　　　　　　　(　　　　　　　　)

주10. 富潤屋 <u>덕윤신</u> 心廣體胖　　　　　　　(　　　　　　　　)

주11. 故 (受 大 者 德 必 命)
　→ (　　　　　　　　　　　)
　　<풀이> 그러므로 큰 덕이 있는 자는 반드시 천명을 받는다.

주12. 物有本末 事有終始 知所先後 (矣 近 道 則)
　→ (　　　　　　　　　　　)
　　<풀이> 물건에는 本과 末이 있고, 일에는 終과 始가 있으니, 먼저 하고 뒤에
　　할 바를 알면 道에 가까울 것이다.

주13. 言悖而出者 亦悖而入 <u>貨悖而入者 亦悖而出</u>
　　(　　　　　　　　　　　　　　　　　)

주14. 無憂者 其惟文王乎 <u>以王季爲父 以武王爲子</u>
　　(　　　　　　　　　　　　　　　　　)

주15. <u>君子 居易以俟命</u> 小人 行險以徼幸
　　(　　　　　　　　　　　　　　　　　)

객관식 35문항

[1~5] 다음 물음에 답하시오.

1. 한문과 교육의 목표로 바르지 <u>않은</u> 것은?
   ① 전통 문화를 이해하고 건전한 가치관을 확립한다.
   ② 한문을 독해할 수 있는 기초적인 능력을 배양한다.
   ③ 한자 문화권 내의 상호 이해와 교류 증진에 기여한다.
   ④ 선인들의 삶과 지혜와 전통문화를 그대로 모방하고 답습한다.

2. 다음 중 '四書'에 속하지 <u>않는</u> 것은?
   ① 小學　　　　② 大學　　　　③ 論語　　　　④ 中庸

3. 『大學』의 八條目 중 ㉠~㉣에 들어갈 내용으로 바르지 <u>않은</u> 것은?

   > 格物, (㉠), 誠意, (㉡), 修身, (㉢), (㉣), 平天下

   ① ㉠: 至極　　② ㉡: 正心　　③ ㉢: 齊家　　④ ㉣: 治國

4. 『中庸』에 대한 설명으로 올바른 것은?
   ① 五經 중의 하나이다.
   ② 총 33장으로 구성되어 있다.
   ③ 經과 傳으로 구분되어 있다.
   ④ 초학자를 위한 입문서로 애호된 서적이다.

5. 『大學』에 대한 설명으로 바르지 <u>않은</u> 것은?
   ① 본래 『禮記』의 한 편이었다.
   ② 傳 1장과 經 10장으로 구성되어 있다.
   ③ 전체의 내용을 修己治人으로 요약할 수 있다.
   ④ 내용은 三綱領과 八條目으로 이루어져 있다.

6. 문맥상 ㉠과 ㉡의 품사로 적절한 것은?

> (가) 故 大德者 必受㉠命
> (나) 受祿于天 保佑㉡命之 自天申之

① ㉠: 명사, ㉡: 동사　　　② ㉠: 동사, ㉡: 명사
③ ㉠: 명사, ㉡: 명사　　　④ ㉠: 동사, ㉡: 동사

7. ㉠의 문장구조로 적절한 것은?

> 吾學周禮 今用之 ㉠吾從周

① 수식구조　　② 술목구조　　③ 주술구조　　④ 주술목구조

8. ㉠의 문장의 형식으로 적절한 것은?

> 知天地之化育 ㉠夫焉有所倚

① 의문형　　② 감탄형　　③ 반어형　　④ 피동형

9. 다음 중 밑줄 친 '自'의 활용이 나머지와 다른 하나는?
① 如琢如磨者 自修也
② 所謂誠其意者 毋自欺也
③ 帝典曰 克明峻德 皆自明也
④ 自天子 以至於庶人 壹是皆以修身爲本

10. 다음 중 밑줄 친 '諸'의 활용이 나머지와 다른 하나는?
① 治國 其如示諸掌乎
② 施諸己而不願 亦勿施於人
③ 柔遠人則四方歸之 懷諸侯則天下畏之
④ 君子 有諸己而後求諸人 無諸己而後非諸人

11. <u>半途而廢</u>

  ① 일을 하다가 중도에 그침.

  ② 길거리에 퍼져 돌아다니는 뜬소문.

  ③ 얼마쯤 믿으면서도 한편으로는 의심함.

  ④ 좋지 않은 일의 근본 원인을 완전히 없앰.

12. <u>車同軌</u>

  ① 매우 가난함.

  ② 천하를 돌아다님.

  ③ 천하가 통일된 상태.

  ④ 재주가 남보다 뛰어남.

13. 君子 有<u>絜矩之道也</u>

  ① 여러 재주를 두루 갖춤.

  ② 작은 인연에 연연하지 않음.

  ③ 대의를 위해 작은 것을 희생함.

  ④ 자기를 척도로 삼아 남을 생각하고 살펴서 바른길로 향하게 하는 도덕상의 길.

14. 失諸正鵠 <u>反求諸其身</u>

  ① 소문이 퍼짐.

  ② 자신을 탓함.

  ③ 남의 허물을 드러냄.

  ④ 여러 사람에게 자문을 구함.

15. 君子 <u>素其位而行</u> 不願乎其外

  ① 명예를 중시한다.

  ② 스승을 찾아 떠난다.

  ③ 관직에 연연하지 않는다.

  ④ 현재의 위치에 따라 행한다.

16. ① 康誥曰∨如保赤子∨心誠求之∨雖不中∨不遠矣
    ② 康誥曰∨如保赤子∨心誠求之∨雖不中不∨遠矣
    ③ 康誥曰∨如保赤∨子心誠∨求之∨雖不中∨不遠矣
    ④ 康誥曰∨如保∨赤子心∨誠求之∨雖不中∨不遠矣

17. ① 子曰∨中庸∨其至矣∨乎民鮮∨能久矣
    ② 子曰∨中庸其至∨矣乎民∨鮮能∨久矣
    ③ 子曰∨中庸∨其至矣乎∨民鮮能∨久矣
    ④ 子曰∨中庸其∨至矣乎∨民鮮能∨久矣

18.
德者 本也 財者 末也 外本內末 (   )

    ① 先愼乎德   ② 在齊其家   ③ 爭民施奪   ④ 言悖出者

19.
所謂誠其意者 毋自欺也 如惡惡臭 如好好色 此之謂(   ) 故 君子 必愼其獨也

    ① 克明   ② 親民   ③ 忠恕   ④ 自謙

20.
所謂平天下 在治其國者 上老老而民興孝 上長長而民興弟 上恤 孤而民不倍 是以 君子有(   )也

    ① 忠恕   ② 絜矩之道   ③ 仁義禮智   ④ 浩然之氣

21.
> (가) 國治而后天下平
> (나) 物格而后知至 知至而后意誠
> (다) 身修而后家齊 家齊而后國治
> (라) 意誠而后心正 心正而后身修

① (가) (나) (다) (라)   ② (나) (라) (다) (가)

③ (가) (다) (라) (나)   ④ (나) (다) (라) (가)

22.
> (가) 雖有善者 亦無如之何矣
> (나) 長國家而務財用者 必自小人矣
> (다) 此謂 國 不以利爲利 以義爲利也
> (라) 彼(爲善之)小人之使爲國家 菑害竝至

① (나) (가) (다) (라)   ② (가) (나) (다) (라)

③ (나) (라) (가) (다)   ④ (라) (나) (다) (가)

> (가) 是故 君子 先㉮愼乎德 有德 此有人 有人 此有㉯土 有土 此
> 有財 有財 此有用
> (나) 君子 尊德性而㉰道問學 致廣大而盡精微 極高明而道中庸
> (　㉠　) ㉱敦厚以崇禮

23. (가)에서 君子가 가장 중요시한 것은?
① 德   ② 人   ③ 土   ④ 財

24. 문맥상 ㉮~㉱의 뜻으로 적절하지 않은 것은?
① ㉮: 삼가다 ② ㉯: 토지 ③ ㉰: 도리 ④ ㉱: 돈독히 하다

25. 문맥상 ㉠에 들어가기에 적절한 것은?
① 不動而敬   ② 不賞而民勸

③ 溫故而知新   ④ 動而世爲天下道

夫婦之㉠愚 可以與㉡知焉 及其㉢至也 雖聖人 亦有所不知焉 夫婦
之㉠不肖 可以能㉣行焉 及其至也 雖聖人 亦有所不能焉 天地之大
也 人ⓐ猶有所憾 故 君子語大 天下莫能ⓑ載焉 語小 天下莫能破
焉 詩云 ⓒ鳶飛戾天 魚躍于淵 言其上下ⓓ察也 君子之道 造端乎
(㉡) 及其至也 察乎天地

26. ㉮~㉣ 중 ㉠과 비슷한 의미를 가진 한자는?

① ㉮　　　　② ㉯　　　　③ ㉰　　　　④ ㉱

27. ⓐ~ⓓ의 뜻으로 적절하지 않은 것은?

① ⓐ: 오히려　② ⓑ: 싣다　③ ⓒ: 솔개　④ ⓓ: 살피다

28. 문맥상 ㉡에 들어갈 한자어는?

① 夫婦　　　② 天倫　　　③ 修身　　　④ 忠孝

(가) 所謂(ⓐ) 在正其心者 身有所㉠분치 則不得其正 有所㉡공구
則不得其正 有所㉢호요 則不得其正 有所㉣우환 則不得其正 心
不在焉 視而不見 聽而不(㉤) 食而不知其(㉥)

(나) 知所以(ⓑ) 則知所以治人 知所以治人 則知所以治天下國
家矣

29. ㉠~㉣의 한자표기가 바르지 않은 것은?

① ㉠: 忿懥　　② ㉡: 恐懼　　③ ㉢: 好樂　　④ ㉣: 憂患

30. 문맥상 ⓐ와 ⓑ에 공통으로 들어갈 漢字語는?

① 齊家　　　② 修身　　　③ 近道　　　④ 明德

31. 문맥상 ㉤과 ㉥에 들어갈 한자로 적절한 것은?

① ㉤: 明, ㉥: 命　　　　　② ㉤: 善, ㉥: 貪

③ ㉤: 信, ㉥: 得　　　　　④ ㉤: 聞, ㉥: 味

誠者 天之道也 (㉠)者 ⓐ<u>人</u>之道也 誠者 不勉而ⓑ<u>中</u> 不思而得 ⓒ<u>從容中道</u> 聖人也 (㉡)者 擇善而ⓓ<u>固</u>執之者也

32. ㉠과 ㉡에 공통으로 들어갈 한자어는?

① 誠之　　　② 孝之　　　③ 忠誠　　　④ 善行

33. ⓐ~ⓓ에 대한 설명으로 바르지 <u>않은</u> 것은?

① ⓐ: 사람　　② ⓑ: 적중하다　③ ⓒ: 조용히　④ ⓓ: 굳게

(가) 君子之㉠<u>道</u> 本㉡<u>諸</u>身 ㉢<u>徵</u>諸庶民 考諸三王而不謬 建諸天地而不悖

(나) 君子 不出家而成㉣<u>敎</u>於國 (ⓐ)者 所以事君也 (ⓑ)者 所以事長也 慈者 所以使衆也

34. ㉠~㉣에 대한 설명으로 바른 것은?

① ㉠: 引導　　② ㉡: 之於　　③ ㉢: 徵集　　④ ㉣: 宗敎

35. ⓐ와 ⓑ에 들어갈 내용으로 알맞은 것은?

① ⓐ: 孝, ⓑ: 弟　　　　② ⓐ: 忠, ⓑ: 孝

③ ⓐ: 忠, ⓑ: 敬　　　　④ ⓐ: 愛, ⓑ: 恭

[주1~주2] 밑줄 친 한자의 음을 문맥에 맞게 차례로 쓰시오.

주1.　(가) 非天子 不議禮 不制㉠度 不考文
　　　(나) 詩曰 神之格思 不可㉡度思 矧可射思　　（㉠　　　　, ㉡　　　　）

주2.　(가) ㉠射 有似乎君子 失諸正鵠 反求諸其身
　　　(나) 詩曰 在彼無惡 在此無㉡射　　（㉠　　　　, ㉡　　　　）

[주3~주4] 밑줄 친 한자의 뜻을 문맥에 맞게 쓰시오.

주3.　(가) 其人存 則其政擧 其人㉠亡 則其政息
　　　(나) 舅犯曰 ㉡亡人 無以爲寶 仁親 以爲寶
　　　　　　　　　　　　　　　　　　　（㉠　　　　, ㉡　　　　）

주4.　(가) 踐其位 行其禮 奏其樂 敬其所尊 愛其所㉠親
　　　(나) 仁者 人也 親㉡親 爲大 義者 宜也 尊賢 爲大
　　　　　　　　　　　　　　　　　　　（㉠　　　　, ㉡　　　　）

[주5~주7] 다음 ○안에 공통으로 들어갈 漢字를 쓰시오.

주5.　(가) 宜其家人而后 可以○國人
　　　(나) 自誠明 謂之性 自明誠 謂之○ 誠則明矣 明則誠矣　　（　　　　）

주6.　(가) 曾子曰 十目所○ 十手所指 其嚴乎
　　　(나) ○之而弗見 聽之而弗聞 體物而不可遺　　（　　　　）

주7.　(가) 故 諺有之 曰 人莫知其子之○ 莫知其苗之碩
　　　(나) 詩曰 衣錦尙絅 ○其文之著也　　（　　　　）

주8. <u>치중화</u> 天地位焉 萬物育焉　　　　　　　　（　　　　　　）

주9. 物有本末 事有<u>종시</u> 知所先後 則近道矣　　（　　　　　）

주10. 苟日新 日日新 <u>우일신</u>　　　　　　　　　　（　　　　　）

주11. (上 下 乎 不 位 在 獲) 民不可得而治矣
　→ (　　　　　　　　　　　　　)
　　<풀이> 아래 지위에 있으면서 윗사람에게 신임을 얻지 못하면 백성을 다스리지
　　못할 것이다.

주12. 子曰 於止 知其所止 (不 鳥 如 可 而 乎 以 人)
　→ (　　　　　　　　　　　　　)
　　<풀이> 孔子께서 말씀하시기를 '그칠 때에 그 그칠 곳을 아니, 사람으로서 새
　　만 못해서야 되겠는가.' 하셨다.

주13. <u>質諸鬼神而無疑 知天也</u>
　（　　　　　　　　　　　　　　　　　）

주14. <u>國 不以利爲利</u> 以義爲利也
　（　　　　　　　　　　　　　　　　　）

주15. <u>君子胡不慥慥爾</u>
　（　　　　　　　　　　　　　　　　　）

객관식 35문항

[1~5] 다음 물음에 답하시오.

1. 중·고등학교 한문과 교육의 목표로 바르지 <u>않은</u> 것은?
   ① 한자, 한자어, 한문을 익혀 언어생활에서 바르게 읽고 쓴다.
   ② 한문을 독해할 수 있는 전문적인 능력을 배양한다.
   ③ 한문 기록에 담긴 선인들의 삶과 지혜를 이해한다.
   ④ 한문 기록에 담긴 전통 문화를 계승 발전시킨다.

2. 다음 중 지금의 '四書' 체계를 만든 **儒學者**는?
   ① 周濂溪   ② 程顥   ③ 程頤   ④ 朱子

3. 아래의 『中庸』第1章 가운데 괄호 안에 들어갈 내용으로 바른 것은?

> 天命之謂性 率性之謂道 修道之謂(　　　)

   ① 明   ② 教   ③ 仁   ④ 禮

4. 『大學』에 대한 설명으로 바르지 <u>않은</u> 것은?
   ① 본래 『禮記』의 42번째 편명이었다.
   ② 經 1章과 傳 10章으로 구성되어 있다.
   ③ 朱子는 『大學』의 본래 經文을 고치지 않고, 注解하였다.
   ④ 초학자가 먼저 읽어야 할 책으로 인식되어 왔다.

5. 『中庸』에 대한 설명으로 바르지 <u>않은</u> 것은?
   ① 본래『禮記』의 33번째 편명이었다.
   ② 『史記』「孔子世家」에서는 子思가 『中庸』을 지었다고 하였다.
   ③ 내용이 대체로 '性', '道', '誠', '鬼神' 등 철학적 주제를 다루고 있다.
   ④ 朱子는 『大學』-『論語』-『孟子』-『中庸』 순으로 읽어야 한다고 하였다.

6. 문맥상 ㉠과 ㉡의 품사로 적절한 것은?

> (가) 子曰 聽訟 吾㉠猶人也 必也使無訟乎
>
> (나) 天地之大也 人㉡猶有所憾

① ㉠: 형용사, ㉡: 동사   ② ㉠: 동사, ㉡: 형용사

③ ㉠: 형용사, ㉡: 부사   ④ ㉠: 부사, ㉡: 형용사

7. ㉠의 문장구조로 적절한 것은?

> ㉠大學之道 在明明德 在親(新)民 在止於至善

① 주술구조   ② 술목구조   ③ 주술목구조   ④ 주술보구조

8. ㉠의 문장의 형식으로 적절한 것은?

> 道也者 不可須臾離也 ㉠可離 非道也

① 의문형   ② 감탄형   ③ 가정형   ④ 피동형

9. 다음 중 밑줄 친 '爲'의 활용이 나머지와 다른 하나는?
① 有國者 不可以不愼 辟則爲天下僇矣
② 彼(爲善之)小人之使爲國家 菑害竝至
③ 詩云 其儀不忒 正是四國 其爲父子兄弟足法而后 民法之也
④ 爲人君 止於仁 爲人臣 止於敬 爲人子 止於孝 爲人父 止於慈

10. 다음 중 밑줄 친 '使'의 활용이 나머지와 다른 하나는?
① 同其好惡 所以勸親親也 官盛任使 所以勸大臣也
② 使天下之人 齊明盛服 以承祭祀 洋洋乎如在其上 如在其左右
③ 使其君子 不幸而不得聞大道之要 其小人 不幸而不得蒙至治之澤
④ 一 則守其本心之正而不離也 從事於斯 無少間斷 必使道心常爲一身之主

11. **心廣體胖**

① 몸이 살찐 모습을 형용.

② **德**이 있는 **君子**의 모습을 형용.

③ **犧牲**을 올려 정성껏 제사를 올리는 모습을 형용.

④ **精神**을 집중하여 **道**를 **體得**하려는 모습을 형용.

12. **索隱行怪**

① **隱微**하고 **奧妙**한 이치를 탐구함.

② **隱者**를 찾아서 함께 **怪異**한 행실을 함.

③ **隱者**를 찾기 위하여 **怪異**한 행실을 함.

④ 깊이 **隱僻**한 이치를 찾고 지나치게 **怪異**한 행실을 함.

13. **<u>忠恕違道不遠</u> 施諸己而不願 亦勿施於人**

① **忠恕**는 **道**와 거리가 멀지 않다.

② **忠**과 **恕**가 **道**를 **違背**함이 심하지 않다.

③ **忠**과 **恕**의 거리가 멀지 않다고 말할 수 있다.

④ **忠恕**와 **達道**의 개념이 서로 다르지 않다.

14. **人道敏政 地道敏樹 <u>夫政也者 蒲盧也</u>**

① **政事**의 효험은 갈대처럼 보잘 것이 없다.

② 정치는 갈대의 몸짓처럼 **權道**로써 해야 한다.

③ **政事**의 신속한 효험은 쉽게 자라는 갈대와 같다.

④ 정치가는 갈대의 몸짓처럼 능수능란한 처세술이 필요하다.

15. **詩曰 <u>旣明且哲 以保其身</u> 其此之謂與**

① 자신의 **安危**만을 생각한다.

② 밝은 지혜만으로는 자신의 몸을 **保全**하기가 어렵다.

③ 밝은 지혜를 깨우치기 위해서는 자신의 몸을 **保全**해야 한다.

④ 이치에 밝고 분별력이 있어 적절한 행동으로 자신을 잘 **保全**한다.

16. ① 物有本末∨事有終始∨知所先後∨則近道矣
    ② 物有本∨末事有終始∨知所先後∨則近道矣
    ③ 物有本∨末事有終∨始知所先∨後則近道矣
    ④ 物有本末∨事有終始∨知所先∨後則近∨道矣

17. ① 忠信重祿∨所以勸士也∨時使薄斂∨所以勸百姓也
    ② 忠信∨重∨祿所以勸∨士也∨時使薄斂∨所以勸百姓也
    ③ 忠信重祿∨所以勸∨士也∨時使薄斂∨所以勸∨百姓也
    ④ 忠信∨重祿∨所以勸∨士也∨時使∨薄斂∨所以勸百姓也

18. 古之欲明明德於天下者 (   )

 ① 先正其心   ② 先修其身   ③ 先齊其家   ④ 先治其國

19. 君子 戒愼乎其所不睹 恐懼乎 其所(   )

 ① 克明   ② 親民   ③ 不聞   ④ 自謙

20. 喜怒哀樂之未發 謂之中 發而皆中節 謂之和 中也者 天下之大本
    也 和也者 天下之達道也 (   ) 天地位焉 萬物育焉

 ① 致中和   ② 致和中   ③ 致中庸   ④ 極中庸

21.

(가) 皆自明也　　　　(나) 康誥曰 克明德
(다) 帝典曰 克明峻德　(라) 太甲曰 顧諟天之明命

① (라)(나)(다)(가)　　② (나)(라)(다)(가)
③ (다)(나)(라)(가)　　④ (나)(다)(라)(가)

22.

(가) 隱惡而揚善 執其兩端　(나) 子曰 舜其大知也與
(다) 舜好問而好察邇言　　(라) 用其中於民 其斯以爲舜乎

① (다)(나)(가)(라)　　② (가)(다)(라)(나)
③ (나)(다)(가)(라)　　④ (나)(가)(다)(라)

詩云 瞻彼淇㉠澳 菉竹猗猗 有㉡斐君子 如切如磋 如琢如磨 瑟兮僴
兮 (㉮) 有斐君子 終不可諠兮 如切如磋者 道學也 如琢如磨者
自修也 瑟兮僴兮者 ⓐ恂慄也 (㉯)者 威儀也 有斐君子 終不可
㉢諠兮者 ㉣道盛德至善 民之不能忘也

23. 문맥상 ㉠~㉣의 뜻으로 적절하지 <u>않은</u> 것은?
① ㉠: 모퉁이　② ㉡: 문채나다　③ ㉢: 잊다　④ ㉣: 儒道

24. 문맥상 ㉮와 ㉯에 공통으로 들어가기에 적절한 것은?
① 斷斷兮　　② 赫兮喧兮　③ 巧笑倩兮　④ 美目盼兮

25. ⓐ의 뜻으로 적절한 것은?
① 마음이 두려워함.　　② 의연하게 도를 닦음.
③ 정성껏 수행함.　　　④ 겁 없이 용맹함.

君子 ㉠素其位而行 不願乎其外 素富貴 行乎富貴 素貧賤 行乎
貧賤 素夷狄 行乎夷狄 素患難 行乎患難 君子 無入而 不自得焉
在上位 不㉡陵下 在下位 不㉢援上 正己而不求於人 則無怨 上
不怨天 下不㉣尤人 故君子 居易以(㉮) 小人 行險以㉤徼幸

26. ㉠의 뜻은?
 ① 현재　　　② 희다　　　③ 본디　　　④ 처음

27. ㉡~㉤의 뜻으로 적절하지 <u>않은</u> 것은?
 ① ㉡: 능멸하다　② ㉢: 잡아당기다 ③ ㉣: 원망하다　④ ㉤: 피하다

28. 문맥상 ㉮에 들어갈 한자어는?
 ① 俟命　　　② 天命　　　③ 待命　　　④ 運命

子曰 武王周公 其達孝矣乎 夫孝者 善繼人之志 善述人之事者也
春秋 脩其㉠조묘 陳其㉡종기 設其㉢상의 薦其㉣시식 宗廟之禮
所以序昭穆也 序爵 所以辨貴賤也 序事 所以辨賢也 旅酬 下爲
上 所以逮(㉮)也 燕毛 所以序(㉯)也 踐其位 行其禮 奏其樂
敬其所尊 愛其所親 事死如事生 事亡如事存 孝之至也 (㉰)之
禮 所以事上帝也 宗廟之禮 所以祀乎其先也 明乎(㉱)之禮 禘
嘗之義 治國 其如示諸掌乎

29. ㉠~㉣의 한자표기가 바르지 <u>않은</u> 것은?
 ① ㉠: 祖廟　　② ㉡: 宗器　　③ ㉢: 棠衣　　④ ㉣: 時食

30. 문맥상 ㉮와 ㉯에 들어갈 한자로 적절한 것은?
 ① ㉮: 賤, ㉯: 齒　　　　　② ㉮: 淺, ㉯: 齒
 ③ ㉮: 尊, ㉯: 歲　　　　　④ ㉮: 賤, ㉯: 値

31. 문맥상 ㉰과 ㉱에 공통으로 들어갈 漢字語는?
 ① 郊社　　　② 旅祭　　　③ 君臣　　　④ 禘祭

詩云 桃之㉮夭夭 其葉㉯蓁蓁 之子于㉰歸 宜其(㉠) 宜其(㉡) 而后 可以敎國人 <중략> 詩云 其儀不㉱忒 正是四國 其爲父子兄弟足法而后 民法之也

32. ㉠과 ㉡에 공통으로 들어갈 한자어는?

① 至親 　　② 孝道 　　③ 家人 　　④ 婚禮

33. ㉮~㉱에 대한 설명으로 바르지 <u>않은</u> 것은?

① ㉮: 예쁘다 　② ㉯: 무성하다 　③ ㉰: 시집가다 　④ ㉱: 사특하다

(가) ㉠自誠明 謂之(㉮) 自明誠 謂之(㉯) 誠則明矣 明則誠矣

(나) 唯天下至誠 爲能盡其性 能盡其性 則能盡人之性 能盡人之性 則能盡物之性 能盡物之性 則可以㉡贊天地之化育 可以贊天地之化育 則可以㉢與天地㉣參矣

34. ㉠~㉣에 대한 설명으로 바른 것은?

① ㉠: 스스로 　② ㉡: 칭찬하다 　③ ㉢: 더불어 　④ ㉣: 셋이 되다

35. ㉮와 ㉯에 들어갈 내용으로 알맞은 것은?

① ㉮: 性, ㉯: 敎 　　　② ㉮: 敎, ㉯: 性

③ ㉮: 聖, ㉯: 賢 　　　④ ㉮: 賢, ㉯: 聖

[주1~주2] <u>밑줄 친 한자</u>의 음을 문맥에 맞게 차례로 쓰시오.

주1.
(가) 子曰 ㉠<u>射</u>有似乎君子 失諸正鵠 反求諸其身
(나) 詩曰 神之格思 不可度思 矧可㉡<u>射</u>思

(㉠   , ㉡   )

주2.
(가) 所謂齊其家 在修其身者 人之其所親愛而㉠<u>辟</u>焉
(나) 子曰 人皆曰予知 驅而納諸罟擭陷阱之中而莫之知㉡<u>辟</u>也

(㉠   , ㉡   )

[주3~주4] <u>밑줄 친 한자</u>의 뜻을 문맥에 맞게 쓰시오.

주3.
(가) 唯仁人 放流之 迸諸四夷 不㉠<u>與</u>同中國
(나) ㉡<u>與</u>其有聚斂之臣 寧有盜臣

(㉠   , ㉡   )

주4.
(가) 子曰 回之爲人也 擇乎中庸 得一善 則拳拳㉠<u>服</u>膺而弗失之矣
(나) 齊明盛㉡<u>服</u> 非禮不動 所以修身也

(㉠   , ㉡   )

[주5~주7] 다음 각 문장의 ○안에 공통으로 들어갈 漢字를 쓰시오.

주5.
(가) 君子先愼乎德 有德此有人 有人此有土 有土
此有○ 有○此有用

(   )

주6.
(가) 莫見乎隱 莫顯乎○ 故君子 愼其獨也
(나) 夫○之顯 誠之不可揜 如此夫

(   )

주7.
(가) 好學 近乎知 力行 近乎○ 知恥 近乎勇
(나) 故 爲政在人 取人以身 修身以道 修道以○

(   )

주8. 博學之 審問之 <u>신사지</u> 明辨之 篤行之 　　　　　　（　　　　　　　）

주9. 德者本也 財者末也 外本內末 <u>쟁민시탈</u> 　　　　　　（　　　　　　　）

주10. 今天下 車同軌 書同文 <u>행동륜</u> 　　　　　　（　　　　　　　）

주11. 中者（ 不 不 倚 偏 不 無 名 過 及 之 ）庸 平常也
　→（　　　　　　　　　　　　　　　　）
　　<풀이> 中은 편벽되지 않고 치우치지 않으며, 過·不及이 없는 것의 이름이
　　　　　요, 庸은 平常함이다.

주12. 詩云 予懷明德 不大聲以色 子曰（ 聲 民 於 之 化 以 色 ）末也
　→（　　　　　　　　　　　　　　　　）
　　<풀이>『詩經』에 이르기를, "나는 밝은 德의 음성과 얼굴빛을 대단찮게 여
　　　　　김을 생각한다." 하였는데, 孔子께서 말씀하시기를 "음성과 얼굴빛
　　　　　은 백성을 교화시킴에 있어 지엽적인 것이다." 하셨다.

주13. 小人閒居 爲不善 無所不至 見君子而后 <u>厭然揜其不善 而著其善</u>
　（　　　　　　　　　　　　　　　　　　　）

주14. <u>人莫不飮食也 鮮能知味也</u>
　（　　　　　　　　　　　　　　　　　　　）

주15. 詩云 伐柯伐柯 其則不遠 <u>執柯以伐柯 睨而視之 猶以爲遠</u>
　（　　　　　　　　　　　　　　　　　　　）

古文眞寶 敎育師

(1회 ~ 3회)

객관식 35문항

[1~5] 다음 물음에 답하시오.

1. 한문과 교육의 특징으로 바르지 <u>않은</u> 것은?
   ① 한자·한문을 독해하고 이해할 수 있는 기능을 신장시키는 것은 부차적 목표이다.
   ② 한자·한자어를 보다 체계적으로 학습하게 함으로써 언어 기능을 향상시킬 수 있다.
   ③ 한자어로 된 용어를 이해하여 모든 교과의 학습 능력을 전반적으로 **提高**시킬 수 있다.
   ④ 한문으로 기록된 문화유산을 이해하고 계승 발전시켜 새로운 민족 문화를 꽃피우게 한다.

2. 『**古文眞寶**』에 대한 설명으로 적절하지 <u>않은</u> 것은?
   ① 다양한 문체를 감상할 수 있다.
   ② **前集**은 **韻文**으로 구성되어 있다.
   ③ 여러 시대의 문장이 수록되어 있다.
   ④ 조선시대 대표적 문장가들의 작품을 감상할 수 있다.

3. **韓愈**의 작품이 <u>아닌</u> 것은?
   ① **原人**　　　② **原道**　　　③ **師說**　　　④ **漁父辭**

4. '**赤壁賦**' 의 저자는?
   ① **蘇軾**　　　② **歐陽脩**　　　③ **陶潛**　　　④ **白居易**

5. **文體**의 종류 중에서 '**表**' 에 대한 설명으로 적절한 것은?
   ① 서책의 앞이나 뒤에 붙이는 글.
   ② 과실을 지적하여 개선하도록 권면하는 글.
   ③ 떠나가는 사람에게 권면하는 뜻에서 쓰는 글.
   ④ 마음에 품은 생각을 적어서 임금에게 올리는 글.

6. 문맥상 ㉠과 ㉡의 품사로 적절한 것은?

> 吾㉠師道也 夫庸知其年之先後生於吾乎 是故 無貴無賤 無長無少 道之所存 ㉡師之所存也

① ㉠: 명사, ㉡: 동사　　　　② ㉠: 동사, ㉡: 명사
③ ㉠: 명사, ㉡: 명사　　　　④ ㉠: 동사, ㉡: 동사

7. ㉠의 문장구조로 적절한 것은?

> 卓彼先覺 知止有定 ㉠閑邪存誠 非禮勿聽

① 주술구조　　　② 술목구조　　　③ 술보구조　　　④ 병렬구조

8. ㉠의 문장 형식으로 적절한 것은?

> 屈原曰 擧世皆濁 我獨淸 衆人皆醉 我獨醒 是以㉠見放

① 피동형　　　② 한정형　　　③ 사동형　　　④ 명령형

9. 다음 중 밑줄 친 ‘相’의 활용이 나머지와 다른 하나는?
① 古之善相天下者 自咎夔 至房魏 可數也
② 或利盡而交疏 甚者反相賊害 雖其兄弟親戚 不能相保
③ 肴核旣盡 盃盤狼藉 相與枕藉乎舟中 不知東方之旣白
④ 吾見上下交相賊 以成此名也 烏有所謂施恩德與夫知信義者哉

10. 다음 중 밑줄 친 ‘則’의 활용이 나머지와 다른 하나는?
① 有官守者 不得其職則去
② 心兮本虛 應物無迹 操之有要 視爲之則
③ 入則諫其君 出不使人知者 大臣宰相者之事
④ 問其官則曰諫議也 問其祿則曰下大夫之秩也

11. <u>龍蟠鳳逸</u>
　① 용맹하나 무모함.
　② 세력 있는 사람을 의지하여 붙좇음.
　③ 지세가 험하여 적을 막기에 좋은 환경.
　④ 뛰어난 재주를 가진 선비가 아직 세상에 쓰이지 아니함.

12. <u>轍環天下</u> 卒老于行
　① 귀양살이를 함.　　　　　② 도량형을 통일함.
　③ 죄를 짓고 도망다님.　　　④ 敎化를 위하여 세상을 돌아다님.

13. <u>形影相弔</u>
　① 속과 겉이 다름.　　　　　② 불쌍한 사람을 돌봄.
　③ 이웃끼리 친하게 지냄.　　④ 의지할 곳이 없어 몹시 외로움.

14. <u>爬羅剔抉</u> 刮垢磨光
　① 잘못을 감춤.　　　　　　② 비리를 척결함.
　③ 숨은 인재를 찾아냄.　　　④ 몸과 마음을 바르게 함.

15. 巫醫百工之人 君子<u>不齒</u>
　① 천하게 여긴다.　　　　　② 물지 않는다.
　③ 자랑스럽게 여긴다.　　　④ 건강이 악화됐다.

16. ① 易繇爻象春秋∨書事詩詠歌∨書禮剔其偽∨皆深矣乎
　　② 易繇爻∨象春秋書∨事詩詠歌∨書禮剔其偽∨皆深矣乎
　　③ 易繇爻象∨春秋書事∨詩詠歌∨書禮剔其偽∨皆深矣乎
　　④ 易繇∨爻象春秋∨書事詩詠∨歌書禮剔其偽∨皆深矣乎

17. ① 人有秉彝∨本乎天性∨知誘物化∨遂亡其正
　　② 人有∨秉彝本乎天∨性知誘物化∨遂亡其正
　　③ 人有秉∨彝本乎天∨性知誘物∨化遂亡其正
　　④ 人有秉彝本∨乎天性知∨誘物化遂∨亡其正

18.　立天之道 曰陰與陽 立地之道 曰柔與剛 立人之道 曰(　　)

① 仁與義　　② 父與子　　③ 夫與婦　　④ 君與臣

19.　(　　)心空 空以體道 君子見其心 則思應用虛受者

① 蓮　　② 竹　　③ 松　　④ 人

20.　漢用陳平計 間疏楚君臣 (　　)疑范增與漢有私 稍奪其權 增大怒曰 天下事大定矣 君王自爲之 願賜骸骨歸卒伍 未至彭城 疽發背死

① 諸葛亮　　② 項羽　　③ 劉備　　④ 秦始皇

世有伯樂然後 有千里馬 千里馬常有 而伯樂不常有 故雖有名馬 祇辱於奴隷人之手 駢死於(　㉠　)之間 不以千里稱也 馬之千里者 一食或盡粟一石 食馬者不知其能千里而食也 是馬雖有千里之能 食不飽 力不足 才美不外見 且欲與常馬等 不可得 ㉡安求其能千里 也 策之不以其道 食之不能盡其材 鳴之不能通其意 執策而臨之曰 天下無良馬 鳴呼 其眞無馬耶 其眞不識馬耶

21. 윗글의 주제로 적절한 것은?
　① 세상에 참된 인재가 없다.　　② 인재는 타고 나는 것이다.
　③ 인재를 알아보는 안목이 필요하다.④ 누구나 노력하면 인재가 될 수 있다.

22. ㉠에 들어갈 말로 적절한 것은?
　① 槽櫪　　② 庠序　　③ 宗廟　　④ 野生

23. ㉡을 대신하기에 적절한 한자는?
　① 逸　　② 保　　③ 也　　④ 何

[24~25] 다음 글을 읽고 물음에 답하시오.

> 輪輻蓋軫 皆有職乎車 而軾獨若無所爲者 雖然 去軾則吾未見其爲
> 完車也 軾乎 吾懼汝之不外飾也 天下之車 莫不由轍 而言車之功
> ㉠轍不與焉 雖然 車仆馬斃 而患不及㉡轍 是㉢轍者 禍福之間 ㉣轍
> 乎 吾知免矣

24. 윗글을 쓴 목적으로 적절한 것은?

① 자식에게 가르침을 줌.　　　　　② 수레의 구조를 설명함.

③ 여행할 때 조심할 것을 일러줌.　④ 인재를 추천함.

25. ㉠~㉣ 중 지시하는 대상이 나머지와 다른 하나는?

① ㉠　　　　　② ㉡　　　　　③ ㉢　　　　　④ ㉣

[26~30] 다음 글을 읽고 물음에 답하시오.

> 夫天地者 萬物之逆旅 ㉠光陰者 百代之過客 而㉡浮生若夢 爲歡幾
> 何 古人秉燭夜遊 ㉢良有以也 況陽春召我以煙景 大塊假我以文章
> 會桃李之芳園 序天倫之樂事 ㉣群季俊秀 皆爲惠連 吾人詠歌 獨慚
> 康樂 幽賞未已 高談轉清 開瓊筵以坐花 飛羽觴而醉月 不有佳作
> 何伸雅懷 如詩不成 罰依㉤金谷酒數

26. ㉠의 뜻으로 적절한 것은?

① 脚光　　　　② 陰陽　　　　③ 時間　　　　④ 陰德

27. ㉡의 속뜻은?

① 부귀가 좋다.　　　　　② 현실에 만족하다.

③ 인생이 덧없다.　　　　④ 잠이 덜 깨다.

28. ㉢을 해석한 것으로 적절한 것은?

① 진실로 까닭이 있다.　　　② 선량하게 베풀었다.

③ 어진 사람은 밤에만 놀았다.　④ 어진 사람은 다 이유가 있다.

29. ㉣의 뜻으로 적절한 것은?

① 여러 妻子　　② 여러 아우　　③ 여러 臣下　　④ 여러 親舊

30. ㉤과 관련 있는 인물은?

① 石崇　　　　② 韓愈　　　　③ 陶淵明　　　　④ 諸葛亮

㉠先生 不知何許人 亦不詳其姓字 宅邊有五柳樹 因以爲號焉 閑靖少言 不慕榮利 好讀書 ㉡不求甚解 每有意會 便欣然忘食 性嗜酒 家貧不能常得 親舊知其如此 或置酒而招之 造飮輒盡 期在必醉 旣醉而退 曾不吝情去留 環堵蕭然 不蔽風日 短褐穿結 ㉢簞瓢屢空 晏如也 常著文章自娛 頗示己志 忘懷得失 以此自終 贊曰黔婁有言 不戚戚於貧賤 不汲汲於富貴 極其言 茲若人之儔乎 酣觴賦詩以樂其志 ㉣無懷氏之民歟 ㉤葛天氏之民歟

31. 윗글의 대한 설명으로 적절한 것은?

① 현실의 문제점을 밝혀 고발하고 있다.

② 존경하는 스승의 삶을 묘사하고 있다.

③ 인물의 장점을 부각하여 추천하고 있다.

④ 작가 자신의 전(傳)을 가상인물에 의탁하여 술회하고 있다.

32. ㉠에 대한 설명으로 적절하지 <u>않은</u> 것은?

① 독서를 좋아했다.

② 술을 먹으면 취할 때까지 먹었다.

③ 정이 많아 술자리가 끝나면 바로 자리를 뜨지 못했다.

④ 누추한 집에 기거했다.

33. ㉡에 대한 표현으로 적절한 것은?

① 拍車를 가했다.　　　　　　② 穿鑿하지 않았다.

③ 刮目相對 했다.　　　　　　④ 該博하지 않았다.

34. ㉢에 대한 표현으로 적절한 것은?

① 安貧樂道　　② 以心傳心　　③ 空中樓閣　　④ 如履薄氷

35. ㉣과 ㉤이 살았던 시대로 적절한 것은?

① 太古時代　　② 春秋時代　　③ 戰國時代　　④ 南北朝時代

[주1~주4] 밑줄 친 한자의 뜻을 문맥에 맞게 쓰시오.

주1. (가) 先天下之憂而憂 後天下之㉠樂而樂歟

(나) ㉡樂也者 鬱於中而泄於外者也 擇其善鳴者而假之鳴 金
石絲竹匏土革木八者 物之善鳴者也

(㉠　　　　　,㉡　　　　　)

주2. (가) 古之聖人 其出人也 遠矣 ㉠猶且從師而問焉 今之衆人 其
下聖人也 亦遠矣 而恥學於師

(나) 固知一死生爲虛誕 齊彭殤爲妄作 後之視今 亦㉡猶今之
視昔 悲夫

(㉠　　　　　,㉡　　　　　)

주3. (가) ㉠親賢臣 遠小人 此先漢所以興隆也

(나) 是宦官宮妾之孝於其㉡親 賢於周公孔子曾參者耶

(㉠　　　　　,㉡　　　　　)

주4. (가) 愈曰 ㉠自古聖人賢士 皆非有心求於聞用也

(나) 竹不能㉡自異 惟人異之 賢不能自異 惟用賢者異之

(㉠　　　　　,㉡　　　　　)

주5. 自春秋作而<u>난신적자</u>懼 孟子之言行 而楊墨之道廢

（　　　　　　　）

주6. 先帝不以臣卑鄙 猥自枉屈 三顧臣於 <u>초려</u>之中 咨臣以當世之事

（　　　　　　　）

주7. 願陛下矜憫愚誠 聽臣微志 庶劉僥倖 卒保餘年 臣生當隕首 死當<u>결초</u>

（　　　　　　　）

주8. (가) ○稱父 坤稱母 予玆藐焉 乃混然中處
　　　(나) ○道成男 坤道成女 二氣交感 化生萬物

（　　　　　　　）

주9. (가) 博○之謂仁 行而宜之之謂義 由是而之焉之謂道
　　　(나) ○其子 擇師而敎之 於其身也 則恥師焉 惑矣

（　　　　　　　）

주10. (가) 傳曰 ○將以夫子爲木鐸 其弗信矣乎
　　　 (나) 形於上者 謂之○ 形於下者 謂之地 命於其兩間者 謂之人

（　　　　　　　）

주11. 古者有喜 卽以名物 (也 忘 示 不)

→ (   )

　<풀이> 옛날에 기쁜 일이 있으면 그것을 가지고 물건에 이름을 붙였으니, 잊지
　　　　않기를 나타낸 것이다.

주12. 吾問養樹 (術 養 得 人)

→ (   )

　<풀이> 나는 나무를 기르는 방법을 물어 백성을 기르는 방법을 배웠다.

주13. 不知天壤之間 <u>復有何樂 可以代此也</u>

→ (   )

주14. <u>哲人知幾</u> 誠之於思 志士勵行 守之於爲

→ (   )

주15. 發於聲 見乎四肢 謂非己心 不明也 <u>欲人無己疑</u> 不能也

→ (   )

객관식 35문항

[1~5] 다음 물음에 답하시오.

1. 한문과 교육의 목표로 바른 것은?
   ① 한문 기록에 담긴 선인들의 삶을 비판한다.
   ② 한자 문화권 내 위계질서를 확립하는 데에 기여한다.
   ③ 전통 문화를 이해하고 계승 발전시키려는 태도를 기른다.
   ④ 언어생활에 한자, 한자어, 한문만을 읽고 쓰며 활용한다.

2. 『古文眞寶』에 대한 설명으로 적절한 것은?
   ① 儒家에 기반한 철학적 담론들만을 집대성한 책이다.
   ② 韓愈는 「原道」에서 '佛敎' 의 부활을 천명했다.
   ③ 蘇軾은 「范增論」에서 '范增' 을 비판하였다.
   ④ 程伊川는 「太極圖說」에서 '易' 의 기본원리를 설파했다.

3. '歐陽脩' 의 작품이 <u>아닌</u> 것은?
   ① 醉翁亭記　　② 鳴蟬賦　　③ 朋黨論　　④ 五柳先生傳

4. '歸去來辭' 의 저자는?
   ① 陶淵明　　② 白居易　　③ 李白　　④ 韓愈

5. 文體의 종류 중에서 '傳' 에 대한 설명으로 적절한 것은?
   ① 한 인물의 행적을 서술한 글.
   ② 신하가 임금에게 올리는 글.
   ③ 크고 작은 일을 기념하여 짓는 글.
   ④ 망자에 대한 애도의 정을 표하는 글.

6. 문맥상 ㉠과 ㉡의 품사로 적절한 것은?

> (가) 迂叟平日讀書 上師聖人 下㉠友群賢
> (나) 然而公不見信於人 私不見助於㉡友 跋前疐後 動輒得咎

① ㉠: 동사, ㉡: 동사   ② ㉠: 명사, ㉡: 명사
③ ㉠: 동사, ㉡: 명사   ④ ㉠: 명사, ㉡: 동사

7. ㉠의 문장구조로 적절한 것은?

> 親賢臣 ㉠遠小人 此先漢所以興隆也

① 주술구조   ② 술목구조   ③ 술보구조   ④ 병렬구조

8. 다음 문장의 형식으로 적절한 것은?

> 烏虖哀哉兮 逢時不祥

① 의문형   ② 평서형   ③ 감탄형   ④ 사동형

9. 다음 중 밑줄 친 '之' 의 활용이 나머지와 다른 하나는?

> 侍衛㉠之臣 不懈於內 忠志㉡之士 忘身於外者 蓋追先帝㉢之
> 殊遇 欲報㉣之於陛下也

① ㉠   ② ㉡   ③ ㉢   ④ ㉣

10. 다음 중 밑줄 친 '亡' 의 활용이 나머지와 다른 하나는?
  ① 經曰 夷狄之有君 不如諸夏之亡
  ② 夫興亡治亂之迹 爲人君者 可以鑑矣
  ③ 當殷之亡 周之興 微子 賢也 抱祭器而去之
  ④ 或投之黃河曰 此輩 清流 可投濁流 而唐遂亡矣

11. <u>秉彝</u>
　　① 권력을 잡음.
　　② 뛰어난 인재.
　　③ 타고난 천성을 그대로 지킴.
　　④ 보호나 구금의 대상이 되는 본인의 몸.

12. 生當隕首 死當<u>結草</u>
　　① 은혜를 잊지 않음.
　　② 자연으로 돌아감.
　　③ 禮를 잃지 않음.
　　④ 스스로 해결함.

13. <u>吐握</u>
　　① 남의 흠을 들추어 냄.
　　② 정치적 비판을 미리 차단함.
　　③ 자식이 자란 후에 어버이의 은혜를 갚음.
　　④ 군주가 어진 인재를 얻기 위해 성심을 다함.

14. <u>三顧草廬</u>
　　① 세속을 초월한 삶.
　　② 계획이 오래가지 못함.
　　③ 외롭고 곤란한 지경에 빠짐.
　　④ 인재를 맞아들이기 위하여 참을성 있게 노력함.

15. <u>潁脫</u>
　　① 겸손함.
　　② 성격이 모남.
　　③ 뛰어나고 훌륭한 재능이 밖으로 드러남.
　　④ 사람이 보다 나은 방향으로 변하여 전혀 딴사람처럼 됨.

16. ① 五行∨一陰陽也∨陰陽∨一太極也∨太極∨本無極也
    ② 五行一∨陰陽也∨陰陽一∨太極也∨太極本∨無極也
    ③ 五行一陰∨陽也∨陰陽一∨太極也∨太極本∨無極也
    ④ 五行一陰∨陽也陰∨陽一太∨極也∨太極∨本無極也

17. ① 竹不能∨自異惟人∨異之∨賢不能∨自異惟用∨賢者異之
    ② 竹不能∨自異惟人∨異之賢∨不能自異∨惟用賢者異之
    ③ 竹不能自異∨惟人異之∨賢不能自異∨惟用賢者異之
    ④ 竹不能自異∨惟人異之賢∨不能自異∨惟用賢者異之

18. | 予獨愛(   )之出於淤泥而不染 濯清漣而不夭 中通外直 不蔓不枝 香遠益清 亭亭淨植 可遠觀而不可褻翫焉 |
    | --- |

    ① 魚　　　　② 蓮　　　　③ 菊　　　　④ 君子

19. | (   )而太極 太極動而生陽 動極而靜 靜而生陰 |
    | --- |

    ① 天地　　　　② 陰陽　　　　③ 無極　　　　④ 兩極

20. | (   ) 應物無迹 操之有要 視爲之則 |
    | --- |

    ① 過言非心　　② 非禮勿視　　③ 哲人知機　　④ 心兮本虛

白聞 天下談士 相聚而言曰 生不用封萬戶侯 但願一識韓荊州 何令人
之景慕 一至於此 豈不以周公之風 躬吐握之事 使海內豪俊 奔走而歸
之 一登龍門 則聲價十倍 所以龍蟠鳳逸之士 皆欲收名定價於㉠君侯
君侯不以富貴而驕之 寒賤而忽之 則三千之中有毛遂 使白得穎脫而出
卽其人焉 白隴西布衣 流落楚漢 十五好劍術 徧干諸侯 三十成文章
歷抵卿相 雖長不滿七尺 而心雄萬夫 皆王公大人許與氣義 此疇曩心
跡 安敢不盡於君侯哉 君侯制作侔神明 德行動天地 筆參造化 學究天
人 幸願開張心顔 不以長揖見拒 必若接之以高宴 縱之以淸談 ㉡請日
試萬言 倚馬可待

21. 윗글의 주된 목적은?
① 자신의 능력을 알림.　　　　　② 벼슬에서 물러남을 알림.
③ 스스로 경계를 삼음.　　　　　④ 배움의 자세에 대하여 논함.

22. 윗글에서 '白'에 대한 설명으로 적절하지 <u>않은</u> 것은?
① 검술을 좋아했다.　　　　　　② 문장을 잘 짓는다.
③ 卿相의 지위에 올랐다.　　　　④ 키는 일곱 척도 안됐다.

23. ㉠이 지시하는 대상은?
① 韓愈　　　　② 李白　　　　③ 堯舜　　　　④ 韓荊州

24. ㉡에서 알 수 있는 화자의 태도는?
① 겸손하다.　　　　　　　　　② 자신감이 있다.
③ 인색하다.　　　　　　　　　④ 명예에 연연하지 않는다.

有問之 對曰橐駝非能使木壽且孶也 以能順木之天 以致其性焉
爾 凡植木之性 其本欲舒 其培欲平 其土欲故 其築欲密 〈중략〉
他植者則不然 根拳而土易 其培之也 若不㉮過焉則不及焉 ㉯苟
有能反是者 則又愛之太恩 憂之太勤 旦視而暮撫 已去而復顧
甚者 ㉠爪其膚以驗其生枯 搖其本以觀其疏密 而木之性 日以離
矣 雖曰愛之 其實害之 雖曰憂之 其實讐之 故不我㉰若也 吾又
何能爲矣哉 問者曰 以子之道 移之官理可乎 駝曰 我知種樹而
已 理非吾業也 然吾居鄕 見長人者好煩其令若甚憐焉 而㉱卒以
禍 ㉡旦暮吏來而呼曰官命 促爾耕 勖爾植 督爾穫 蚤繰㉲而緖
蚤織㉳而縷 字而幼孩 遂㉴而鷄豚 鳴鼓㉵而聚之 擊木而召之 吾
小人 具饔飧以勞吏者 且不得暇 又何以蕃吾生而安吾性邪 故
病且怠 若是則與吾業者 其亦有類乎 問者喜曰 不亦善夫 吾問
養（ ㉢ ） 得養（ ㉣ ）術 傳其事以爲（ ㉤ ）戒也

25. 윗글에 나타난 '나무를 잘 심는 방법'의 핵심으로 적절한 것은?
　① 항상 곁에서 보살핀다.　　　② 본성을 발현하게 해준다.
　③ 토양을 선택하는 것이 중요하다.　④ 심은 후에 거름을 주는 것이 중요하다.

26. ㉠의 태도를 표현하기에 적절한 것은?
　① 愛之重之　　　　　② 拔本塞源
　③ 寸鐵殺人　　　　　④ 爪牙之士

27. 문맥상 ㉮~㉱의 뜻으로 적절하지 <u>않은</u> 것은?
　① ㉮: 지나치다　② ㉯: 진실로　③ ㉰: 만약　④ ㉱: 마침내

28. ㉡을 표현하기에 적절한 성어는?
　① 苛斂誅求　　② 佳人薄命　　③ 朝三暮四　　④ 耕田鑿井

29. ㉲~㉵ 가운데 뜻이 <u>다른</u> 하나는?
　① ㉲　　　　② ㉳　　　　③ ㉴　　　　④ ㉵

30. ㉢~㉤에 알맞은 漢字를 차례로 배열한 것은?
　① 人 － 官 － 樹　　　　② 人 － 樹 － 官
　③ 官 － 樹 － 人　　　　④ 樹 － 人 － 官

生乎吾前 其聞道也 ㉮固先乎吾 吾從而師之 生乎吾後 其聞道也 亦先乎吾 吾從而師之 吾師道也 夫㉯庸知其年之先後生於吾乎 是故 無貴無賤 無長無少 (㉠)之所存 師之所存也 嗟呼 師道之不傳也 久矣 欲人之無惑也 難矣 古之聖人 其㉰出人也 遠矣 ㉱猶且 從師而問焉 今之衆人 其下聖人也 亦遠矣 而恥學於師 是故 聖益聖 愚益愚 聖人之所以爲聖 愚人之所以爲愚 其皆出於此乎 <중략> ㉡巫醫百工之人 君子不齒 今其智乃反不能及 可怪也歟 聖人無常師 孔子師郯子 萇弘 師襄 老聃 郯子之徒 其賢不及孔子 孔子曰 (㉢) 是故 弟子不必不如師 師不必賢於弟子 聞道有先後 術業有專攻 如斯而已

31. 윗글에서 비판하고 있는 내용의 핵심으로 적절한 것은?
① 사람을 사귈 때 나이를 따짐.
② 스승으로 삼을 만한 인재가 없음.
③ 직업의 귀천을 따짐.
④ 남에게 배우기를 부끄러워함.

32. 문맥상 ㉮~㉱의 뜻으로 적절하지 <u>않은</u> 것은?
① ㉮: 진실로. ② ㉯: 떳떳하게. ③ ㉰: 뛰어나다. ④ ㉱: 오히려.

33. ㉠에 들어갈 漢字는?
① 學 ② 道 ③ 聖 ④ 古

34. ㉡의 속뜻으로 적절한 것은?
① 賤職 ② 閒職 ③ 官職 ④ 辭職

35. 문맥상 ㉢에 들어갈 말로 적절한 것은?
① 當仁 不讓於師 ② 溫故而知新 可以爲師矣
③ 師也過 商也不及 ④ 三人行 則必有我師

[주1~주4] 밑줄 친 한자의 뜻을 문맥에 맞게 쓰시오.

주1.
(가) ㉠惡旨酒 崇伯子之顧養 育英才 穎封人之錫類
(나) 形旣生矣 神發知矣 五性感動而善㉡惡分 萬事出矣

(㉠　　　　　, ㉡　　　　　)

주2.
(가) 蓋豪傑之士 信道篤而自知明者也 一家非之 力行而不惑者㉠寡矣
(나) 人其人 火其書 廬其居 明先王之道以道之 鰥㉡寡孤獨廢疾者有養也

(㉠　　　　　, ㉡　　　　　)

주3.
(가) ㉠安能以身之察察 受物之汶汶者乎
(나) 臣受命之日 寢不㉡安席 食不甘味

(㉠　　　　　, ㉡　　　　　)

주4.
(가) 今天下三分 益州疲弊 此誠危急存亡之㉠秋也
(나) 時維九月 序屬三㉡秋 潦水盡而寒潭淸 煙光凝而暮山紫

(㉠　　　　　, ㉡　　　　　)

주5. 夫天地者 萬物之逆旅 <u>광음</u>者 百代之過客

(   )

주6. 客喜而笑 洗盞更酌 肴核旣盡 <u>배반낭자</u> 相與枕藉乎舟中 不知東方之旣白

(   )

주7. 形於上 日月星辰 皆天也 形於下 草木山川 皆地也 命於其兩間 <u>이적금수</u>皆人也

(   )

주8. (가) ○者 貫道之器也 不深於斯道 有至者 不也
(나) 孔子曰 天之將喪斯○也 後死者不得與於斯○也

(   )

주9. (가) 卓彼先覺 知止有定 閑邪存誠 非○勿聽
(나) 其文 詩書易春秋 其法 ○樂刑政 其民 士農工賈

(   )

주10. (가) 夫○有大而非誇 達者信之 衆人疑焉
(나) 人心之動 因○以宣 發禁躁妄 內斯靜專

(   )

주11. (兮 來 去 歸) 田園將蕪 胡不歸

  → (   )

  〈풀이〉 돌아가자! 전원이 장차 황폐해지려하니, 어찌 돌아가지 않겠는가!

주12. 先生 (許 不 人 何 知)

  → (   )

  〈풀이〉 선생은 어디 사람인지 모른다.

주13. 人知從太守遊而樂 <u>而不知太守之樂其樂也</u>

  → (   )

주14. 老子之小仁義 <u>非毀之也 其見者小也</u>

  → (   )

주15. <u>相君言焉 時君納焉</u> 皇風 於是乎淸夷 蒼生 以之而富庶

  → (   )

객관식 35문항

[1~5] 다음 물음에 답하시오.

1. 중·고등학교 한문과 교육의 목표로 바르지 <u>않은</u> 것은?
   ① 한문을 독해할 수 있는 전문적인 능력을 기른다.
   ② 한문 기록에 담긴 선인들의 삶과 지혜를 이해한다.
   ③ 한자 문화권 내 상호 이해와 교류 증진에 기여한다.
   ④ 한자, 한자어, 한문을 익혀 언어생활에서 바르게 읽고 쓴다.

2. 『**古文眞寶**』에 대한 설명으로 적절하지 <u>않은</u> 것은?
   ① 조선시대 때 **文章學**의 학습용 도서로서 폭넓게 수용되었다.
   ②『**古文眞寶**』는 '고문 중에서 참으로 보배로운 글'이란 뜻이다.
   ③ **韓愈**의 「**原道**」는 **本來**의 **道**가 **儒敎**에 있음을 밝힌 논문이다.
   ④ **魏晉南北朝** 시대에 성행하던 **四六騈儷文**의 글들이 많이 실려 있다.

3. '**蘇東坡**' 의 작품이 <u>아닌</u> 것은?
   ① **前赤壁賦**　　　　　② **六一居士集序**
   ③ **朋黨論**　　　　　　④ **喜雨亭記**

4. '**弔屈原賦**' 의 저자는?
   ① **漢武帝**　　　　　　② **王羲之**
   ③ **李密**　　　　　　　④ **賈誼**

5. **文體**의 종류 중에서 '**箴銘類**' 에 대한 설명으로 적절한 것은?
   ① 시문집의 앞이나 뒤에 붙이는 글의 문체.
   ② 제왕에게 글을 올려 정사를 논하는 글의 문체.
   ③ 이별에 임하여 **贈言**하며 지어주는 글의 문체.
   ④ 사람들이 훈계하기 위한 목적으로 지은 글의 문체.

6. 문맥상 ㉠과 ㉡의 품사로 적절한 것은?

> (가) 上 行㉠幸河東 祠后土 顧視帝京 欣然 中流 與群臣飲燕
>
> (나) 臨別贈言 ㉡幸承恩於偉餞 登高作賦 是所望於群公

① ㉠: 동사, ㉡: 부사　　　　② ㉠: 부사, ㉡: 동사
③ ㉠: 동사, ㉡: 동사　　　　④ ㉠: 부사, ㉡: 부사

7. ㉠의 문장구조로 적절한 것은?

> 屈原旣放 ㉠游於江潭 行吟澤畔 顔色憔悴 形容枯槁

① 주술구조　　　② 수식구조　　　③ 술보구조　　　④ 주술목구조

8. ㉠의 문장의 형식으로 적절한 것은?

> ㉠于嗟默默 生之亡故兮 幹棄周鼎 寶康瓠兮

① 의문형　　　② 명령형　　　③ 감탄형　　　④ 사동형

9. 다음 중 밑줄 친 '之'의 활용이 나머지와 다른 하나는?

> 屈原曰 吾聞㉠之 新沐者 必彈冠 新浴者 必振衣 安能以身之察
> 察 受物㉡之汶汶者乎 寧赴湘流 葬於江魚㉢之腹中 安能以皓皓
> 之白 而蒙世俗㉣之塵埃乎

① ㉠　　　　② ㉡　　　　③ ㉢　　　　④ ㉣

10. 다음 중 밑줄 친 '微'의 활용이 나머지와 다른 하나는?
① 見細德之險微兮 遙增擊而去之
② 雖然 微二子 亂臣賊子接跡於後世矣
③ 猥以微賤 當侍東宮 非臣隕首所能上報
④ 今臣亡國之賤俘 至微至陋 過蒙拔擢 豈敢盤桓 有所希冀

11. <u>九鼎</u>

　　① 큰 솥단지.

　　② 뛰어난 신하.

　　③ 제후의 영토.

　　④ 天子國을 상징하는 물건.

12. <u>簞瓢屢空 晏如也</u>

　　① 安貧樂道하는 삶을 가리킴.

　　② 자유분방한 삶의 태도를 가리킴.

　　③ 眞理를 體得하려는 마음자세를 가리킴.

　　④ 도시락밥과 표주박 물을 먹는 가난한 삶을 견디기 어려움.

13. <u>烏鳥私情</u> 願乞終養

　　① 음흉한 계책.

　　② 일반 백성들의 마음.

　　③ 남녀 간의 사사로운 情.

　　④ 부모님에 대한 자식의 지극한 효심.

14. 策扶老以流憩 時<u>矯首</u>而遐觀

　　① 머리를 들다.

　　② 머리를 흔들다.

　　③ 머리카락을 풀어헤치다.

　　④ 머리를 삐딱하게 하지 않는다.

15. 彼<u>尋常之汙瀆</u>兮 豈容呑舟之魚 橫江湖之鱣鯨兮 固將制於螻蟻

　　① 深思熟考함.

　　② 일상적인 생활.

　　③ 平常의 道를 探究함.

　　④ 별로 대단치 않은 물건이나 일을 가리킴.

16. ① 白聞∨天下談士∨相聚而言曰∨生不用封萬戶侯∨但願一識韓荊州
    ② 白聞天下談士∨相聚而言曰∨生不用∨封萬戶∨侯但願一識韓荊州
    ③ 白聞天下∨談士∨相聚而言曰∨生不用∨封萬戶侯∨但願一識韓荊州
    ④ 白聞∨天下談士∨相聚而言曰∨生不用∨封萬戶∨侯但願一識韓∨荊州

17. ① 指山而問焉曰山乎曰山可∨也山∨有草木禽獸皆擧∨之矣
    ② 指山而問焉曰山乎∨曰山可也∨山有草木禽獸皆擧之矣
    ③ 指山而問焉曰∨山乎曰∨山∨可也山有草木∨禽獸∨皆擧之矣
    ④ 指山而問焉曰∨山乎曰∨山∨可也山∨有草木禽獸∨皆擧之矣

18.
博愛之謂仁 行而宜之之謂義 由是而之焉之謂道 足乎己無待於外
之謂(   ) 仁與義 爲定名 道與(   ) 爲虛位

① 禮   ② 智   ③ 德   ④ 信

19.
寒然後爲之衣 飢然後爲之食 木處而顚 土處而病也 然後爲之(   )
爲之工 以贍其器用 爲之賈 以通其有無

① 宮室   ② 家屋   ③ 宮闕   ④ 草家

20.
孔子之作春秋也 諸侯用夷禮則夷之 夷而進於中國則中國之 經曰
夷狄之有君 不如諸夏之亡 詩曰 戎狄是膺 荊舒是(   )

① 作   ② 生   ③ 懲   ④ 滅

或問諫議大夫陽城於愈 可以爲有道之士乎哉 學廣而聞多 不求聞於
人也 行古人之道 居於晉之鄙 晉之鄙人 薰其德而善良者幾千人 大
臣聞以薦之天子 以爲諫議大夫 人皆以爲華 陽子不色喜 居於位五
年矣 視其德 如在草野 彼豈以富貴移易其心哉 ＜중략＞ 今陽子 實一
匹夫 在位不爲不久矣 聞天下之得失 不爲不熟矣 天子待之不爲不
加矣 而未嘗一言及於政 視政之得失 若越人視秦人之肥瘠 忽焉不
加喜戚於㉠其心 ㉡問其官則曰諫議也 問其祿則曰下大夫之秩也 問
其政則曰我不知也 有道之士 固如是乎哉

21. 윗글의 주된 목적은?
① 자신의 능력을 알림.　　　　　② 道가 있는 선비를 알림.
③ 스스로 경계를 삼음.　　　　　④ 직분을 수행하지 못하는 臣下를 질책함.

22. ‘陽子’에 대한 설명으로 적절하지 <u>않은</u> 것은?
① 스스로 천거하여 諫議大夫에 올랐다.
② 마음가짐이 草野에 있을 때와 같았다.
③ 지위에 있은 지가 오래 되었다.
④ 天子가 특별히 待遇해주었다.

23. ㉠이 지시하는 대상은?
① 越人　　　② 秦人　　　③ 天子　　　④ 陽子

24. ㉡에서 알 수 있는 화자의 태도는?
① 즐거워함.　　② 경탄함.　　③ 꾸짖음.　　④ 슬퍼함.

永州之野 産異蛇 黑質白章 觸草木 盡死 以齧人 無禦之者 然 得而
㉮臘之 以爲餌 可以已大風, 攣踠, 瘻癘 去死肌, 殺三蟲 其始 太醫以
王命聚之 歲賦其二 募有能捕之者 當其租入 永之人 爭奔走焉 有蔣氏
者㉯專其利三世矣 問之則曰 吾祖死於是 吾父死於是 今吾嗣爲之 十
二年 幾死者數矣 言之 貌若甚慼者 余悲之 且曰 ㉠若毒之乎 余將告
于蒞事者 更若役 復若賦 則何如 蔣氏大慼 汪然出涕曰 君將哀而生
之乎 則吾斯役之不幸 未若復吾賦不幸之甚也 ㉰嚮吾不爲斯役 則
久已病矣 自吾氏三世居是鄉 積於今六十歲矣 而鄉隣之生 日蹙 殫
其地之出 竭其廬之入 號呼而轉徙 飢渴而頓㉱踣 觸風雨 犯寒暑 呼
噓毒癘 往往而死者相藉也 <중략> ㉡悍吏之來吾隣 叫囂乎東西 隳
突乎南北 譁然而駭者 雖鷄狗 不得寧焉 吾(㉢)而起 視其㉲缶而
吾蛇尚存 則弛然而臥 謹食之 時而獻焉 退而甘食其㉳土之有 以盡
吾㉴齒 蓋一歲之犯死者二焉 其餘則(㉣)而樂 豈若吾鄉隣之
(㉤)有是哉 今雖死于此 比吾鄉隣之死 則已㉵後矣 又安敢毒耶

25. 윗글의 '주제'로 적절한 것은?
　① 영주에서 나는 뱀은 약효가 있다.　② 가혹한 정치는 捕蛇보다 무섭다.
　③ 捕蛇에는 많은 위험이 따른다.　④ 뱀으로 조세를 대신하는 정책이 필요하다.

26. ㉠의 태도를 표현하기에 적절한 것은?
　① 惻隱之心　② 羞惡之心　③ 辭讓之心　④ 是非之心

27. 문맥상 ㉮~㉱의 뜻으로 적절하지 않은 것은?
　① ㉮: 포를 뜨다　② ㉯: 독점하다　③ ㉰: 향하다　④ ㉱: 넘어지다

28. ㉡을 표현하기에 적절한 성어는?
　① 孤立無援　② 犬齧枯骨　③ 怒髮衝冠　④ 苛斂誅求

29. ㉲~㉵ 가운데 '餘生'과 뜻이 통하는 漢字는?
　① ㉲　② ㉳　③ ㉴　④ ㉵

30. ㉢~㉤에 알맞은 漢字를 차례로 배열한 것은?
　① 恂恂 – 旦旦 – 熙熙　② 恂恂 – 熙熙 – 旦旦
　③ 旦旦 – 熙熙 – 恂恂　④ 熙熙 – 恂恂 – 旦旦

臣聞朋黨之說 自古有之 惟㉮幸人君 辨其君子小人而已 大凡君子
與君子 以同道爲朋 小人 與小人 以同利爲朋 此自然之理也 然 臣謂
小人無朋 惟君子則有之 其故何哉 小人 所好者利祿也 所貪者財貨
也 當其同利之時 暫相(㉠)引以爲朋者 僞也 及其見利而爭先 或利盡
而交疏 甚者反相賊害 雖其兄弟親戚 不能相保 故臣謂小人無朋 其
暫爲朋者 僞也 君子則不然 所守者道義 所行者忠信 所㉯惜者名節
以之修身 則同道而相益 以之事國 則同心而共㉰濟 終始如一 此君
子之朋也 故 爲人君者 但當退小人之僞朋 用君子之眞朋 則天下治
矣 堯之時 小人共工驩兜等四人 爲一朋 君子八元八愷十六人 爲一
朋 舜佐堯 退四凶小人之朋 而㉡進元愷君子之朋 堯之天下大治 及
舜自爲天子 而皐夔稷契等二十二人 ㉱幷列于朝 更相稱美 更相推讓
凡二十二人 爲一朋（   ㉢   ）

31. 윗글의 내용과 같지 <u>않은</u> 것은?

① 舜임금은 皐陶·夔·稷·契 등 16명의 한 朋黨을 모두 등용하였다.

② 지은이는 小人은 붕당이 없고, 오직 君子만이 있다고 생각하고 있다.

③ 人君은 붕당을 배척하기보다는 君子와 小人을 분별할 줄 알아야 한다.

④ 君子의 朋黨은 몸을 닦으면 道를 함께 하여 서로 유익하고 道와 始終如一
하다.

32. 문맥상 ㉮~㉱의 뜻으로 적절하지 <u>않은</u> 것은?

① ㉮: 다행히　　② ㉯: 애석해하다③ ㉰: 이루다　　④ ㉱: 陪席하다

33. ㉠에 들어갈 漢字는?

① 牽　　　　② 輩　　　　③ 黨　　　　④ 類

34. ㉡의 속뜻으로 가장 적절한 것은?

① 추켜세우다　　② 推戴하다　　③ 振作시키다　　④ 登用하다

35. 문맥상 ㉢에 들어갈 말로 적절한 것은?

① 而舜皆用之　天下亦大治　　② 而舜皆用之　天下亦大亂

③ 而舜皆散之　天下亦大亂　　④ 而舜皆推之　天下亦大治

[주1~주4] 밑줄 친 한자의 뜻을 문맥에 맞게 쓰시오.

주1.
(가) 屈原曰 擧世皆濁 我獨淸 衆人皆醉 我獨醒 是以㉠見放
(나) 竹似賢 何哉 竹本固 固以樹德 君子㉡見其本 則思善建不拔者

　　　　　　　　　　　　　　　　　　（㉠　　　　　　,㉡　　　　　　）

주2.
(가) 國其莫吾知兮 予獨壹鬱其誰語 鳳縹縹其高逝兮 夫固自引
而遠㉠去
(나) 輪輻蓋軫皆有職乎車 而軾獨若無所爲者 雖然 ㉡去軾則吾未
見其爲完車也

　　　　　　　　　　　　　　　　　　（㉠　　　　　　,㉡　　　　　　）

주3.
(가) 時維九月 序㉠屬三秋 潦水盡而寒潭淸 煙光凝而暮山紫
(나) 擧酒㉡屬客 誦明月之詩 歌窈窕之章

　　　　　　　　　　　　　　　　　　（㉠　　　　　　,㉡　　　　　　）

주4.
(가) 余謂梓人之道類於相 故書而㉠藏之 梓人蓋古之審曲面勢者
今謂之都料匠云
(나) 惟江上之淸風與山間之明月 耳得之而爲聲 目寓之而成色
取之無禁 用之不竭 是造物者之無盡㉡藏也

　　　　　　　　　　　　　　　　　　（㉠　　　　　　,㉡　　　　　　）

주5.　時夜將半 四顧<u>적료</u> 適有孤鶴 橫江東來

(　　　　　)

주6.　此地有崇山峻嶺 茂林修竹 又有淸流激湍 映帶左右 引以爲<u>유상곡수</u> 列坐其次 雖無絲竹管絃之盛 一觴一詠 亦足以暢 敍幽情

(　　　　　)

주7.　予至扶風之明年 始治官舍 爲亭於堂之北而鑿池其南 引流種樹 以爲休息之所 是歲之春 雨麥於<u>기산지양</u> 其占爲有年

(　　　　　)

주8.　(가) 夫人之相與俯仰一世 或取諸懷抱 悟言一室之內 或因寄所託 放浪形○之外

(나) 增大怒曰 天下事大定矣 君王自爲之 願賜○骨歸卒伍

(　　　　　)

주9.　(가) 業 精于勤 荒于嬉 ○ 成于思 毁于隨

(나) 昔者 孟軻好辯 孔道以明 轍環天下 卒老于○

(　　　　　)

주10.　(가) 誠宜開張聖○ 以光先帝遺德 恢弘志士之氣 不宜妄自菲薄 引喩失義 以塞忠諫之路也

(나) 增勸羽殺沛公 羽不○ 終以此失天下 當於是去邪

(　　　　　)

주11. 予獨愛（之 不 出 於 而 泥 淤 染 蓮）濯淸漣而不夭 中通外直 不蔓不枝 香遠益淸 亭亭淨植 可遠觀而不可褻翫焉

→ (　　　　　　　　　　　　　　　　　　　)

　　〈풀이〉　나는 홀로 연꽃이 진흙에서 나왔으면서도 물들지 않고 맑은 물결에 씻기면서도 요염하지 않으며, 속이 비어 있고 겉이 곧으며 덩굴 뻗지 않고 가지 치지 않으며, 향기가 멀수록 더욱 맑고 우뚝하고 깨끗하게 서 있어, 멀리서 바라볼 수는 있으나 함부로 가지고 놀 수 없는 점을 사랑한다.

주12. （而 也 惟 最 得 靈 秀 其 人）形旣生矣 神發知矣 五性感動而 善惡分 萬事出矣

→ (　　　　　　　　　　　　　　　　　　　)

　　〈풀이〉　오직 인간은 그 빼어난 기운을 얻어 가장 영특하니, 형체가 이미 생김에 정신이 지혜를 발한다. 그리하여 다섯 가지 성품이 감동하여 선악이 나뉘고 **萬事**가 나온다.

주13. 人有秉彝 本乎天性 <u>知誘物化 遂亡其正</u>

→ (　　　　　　　　　　　　　　　　　　　　　　　　　　　)

주14. <u>體其受而歸全者 參乎</u> 勇於從而順令者 伯奇也

→ (　　　　　　　　　　　　　　　　　　　　　　　　　　　)

주15. 或者謂出於心者 歸咎爲己戲 失於思者 自誣爲己誠 <u>不知戒其出汝者</u> 反歸咎其不出汝者 長傲且遂非 不知孰甚焉

→ (　　　　　　　　　　　　　　　　　　　　　　　　　　　)

模 範 答 案

동양고전 [논어교육사 1회] 모범답안

● 객관식

1	②	21	②
2	④	22	③
3	③	23	①
4	③	24	③
5	④	25	②
6	②	26	③
7	①	27	②
8	②	28	①
9	②	29	②
10	④	30	④
11	②	31	①
12	③	32	①
13	④	33	②
14	③	34	①
15	③	35	③
16	①		
17	④		
18	④		
19	③		
20	①		

● 주관식

1	㉠ 열, ㉡ 설
2	㉠ 최, ㉡ 쇠
3	자랑하다/자랑함.
4	㉠ 곤궁하다, ㉡ 요약하다.
5	克己復禮
6	後生可畏
7	糞土之牆
8	終
9	言
10	古
11	聽訟吾猶人也
12	恥其言而過其行
13	남이 나를 속일까 미리 짐작하지 않는다.
14	내가 하고자 하지 않는 것.
15	너에게 안다는 것을 가르쳐 주겠다.

동양고전 [논어교육사 2회] 모범답안

● 객관식

1	④	21	④
2	④	22	①
3	②	23	①
4	③	24	④
5	①	25	③
6	①	26	①
7	②	27	③
8	③	28	④
9	③	29	②
10	②	30	①
11	④	31	①
12	②	32	②
13	③	33	④
14	③	34	①
15	④	35	③
16	①		
17	③		
18	①		
19	②		
20	②		

● 주관식

1	㉠ 곡, ㉡ 고
2	㉠ 주, ㉡ 족
3	맹세하다.
4	㉠ 병, ㉡ 빠르게
5	和而不同
6	文行忠信
7	哀而不傷
8	仁
9	德
10	信
11	其爲仁之本與
12	告諸往而知來者
13	잘한 것을 자랑함이 없다.
14	벗에게 자주 충고하면 소원해진다.
15	하늘에 죄를 얻으면 빌 곳이 없다.

동양고전 [논어교육사 3회] 모범답안

● 객관식

번호	답	번호	답
1	④	21	③
2	②	22	③
3	③	23	④
4	②	24	①
5	②	25	④
6	②	26	③
7	②	27	④
8	②	28	②
9	②	29	④
10	①	30	④
11	④	31	①
12	④	32	②
13	④	33	④
14	④	34	④
15	②	35	④
16	①		
17	④		
18	②		
19	③		
20	①		

● 주관식

1	㉠ 칙, ㉡ 즉
2	㉠ 열, ㉡ 설
3	거두다.
4	㉠ 병, ㉡ 싫어하다.
5	溫故而知新
6	射不主皮
7	擇不處仁
8	仁
9	器
10	道
11	不患人之不己知
12	思而不學則殆
13	우리의 도는 하나로 꿰뚫고 있다.
14	썩은 흙으로 쌓은 담장은 흙손질할 수 없다.
15	씩씩하되 다투지 않으며, 무리짓되 편당하지 않는다.

동양고전 [맹자교육사 1회] 모범답안

● 객관식

1	③	21	①
2	④	22	④
3	③	23	①
4	②	24	②
5	④	25	②
6	①	26	③
7	④	27	①
8	②	28	①
9	②	29	④
10	④	30	②
11	②	31	④
12	④	32	①
13	④	33	①
14	④	34	③
15	②	35	①
16	①		
17	②		
18	③		
19	①		
20	①		

● 주관식

1	㉠ 도, ㉡ 탁
2	㉠ 벽, ㉡ 피
3	㉠ 곧게 하다, ㉡ 다만
4	㉠ 미워하다, ㉡ 어디에
5	不得已
6	動容周旋
7	發政施仁
8	愛
9	義
10	舜
11	不可受於人
12	不以天下儉其親
13	모두 목을 늘이고 바라보다
14	갑옷을 버리고 병기를 끌면서 달아나다
15	전사한 자를 위하여 한번 설욕하다

동양고전 [맹자교육사 2회] 모범답안

● 객관식

1	③	21	①
2	③	22	③
3	③	23	②
4	③	24	③
5	②	25	④
6	②	26	①
7	④	27	④
8	①	28	③
9	③	29	④
10	②	30	③
11	④	31	①
12	①	32	③
13	②	33	④
14	③	34	①
15	②	35	④
16	①		
17	①		
18	③		
19	②		
20	④		

● 주관식

1	㉠ 망, ㉡ 무
2	㉠ 촉, ㉡ 수
3	㉠ 門徒/제자, ㉡ 한갓/다만
4	㉠ 하여금, ㉡ 부리다
5	經之營之
6	鷄豚狗彘
7	一簞食 一豆羹
8	覇
9	王
10	名
11	不 如 地 利
12	獨樂樂與人樂樂
13	오곡을 심고 가꾸다.
14	높은 나무에서 내려와 그윽한 골짜기로 들어간다는 말은 듣지 못하였노라.
15	기주에서 태어나 필영에서 별세하시다.

동양고전 [맹자교육사 3회] 모범답안

● 객관식

1	③	21	④
2	④	22	②
3	②	23	①
4	③	24	④
5	④	25	④
6	②	26	④
7	④	27	④
8	①	28	②
9	④	29	④
10	①	30	④
11	④	31	①
12	④	32	②
13	④	33	④
14	③	34	④
15	③	35	①
16	①		
17	③		
18	②		
19	①		
20	③		

● 주관식

1	㉠ 탁, ㉡ 도
2	㉠ 저, ㉡ 제
3	㉠ 위하다, ㉡ 비견되다
4	㉠ 시골(마을), ㉡ 향하다
5	兄弟無故
6	聞善言則拜
7	求其放心而已矣
8	路
9	信
10	鈞
11	修其天爵而人爵從之
12	旣醉以酒 旣飽以德
13	음식을 밝히는 사람을 사람들이 천히 여긴다.
14	仁이 不仁을 이김은 물이 불을 이김과 같다.
15	만일 익지 않으면, 피만도 못하다.

동양고전 [대학·중용교육사 1회] 모범답안

1	④	21	②
2	①	22	③
3	④	23	③
4	③	24	②
5	④	25	①
6	①	26	①
7	②	27	①
8	①	28	②
9	②	29	②
10	④	30	④
11	③	31	①
12	④	32	②
13	③	33	③
14	①	34	③
15	④	35	④
16	③		
17	①		
18	②		
19	④		
20	①		

● 주관식

1	㉠ 비, ㉡ 피
2	㉠ 비, ㉡ 부
3	㉠ 미워하다, ㉡ 악
4	㉠ 싫어하다, ㉡ 겸연쩍다.
5	食
6	孝
7	止
8	和而不流
9	至誠無息
10	德潤身
11	大德者必受命
12	則近道矣
13	재물이 도리에 어긋나게 들어온 것은 또한 도리에 어긋나게 나간다.
14	王季를 아버지로 삼으시고 武王을 아들로 삼으셨다.
15	君子는 평이함에 처하여 天命을 기다리고

동양고전 [대학 · 중용교육사 2회] 모범답안

● 객관식

1	④	21	②
2	①	22	③
3	①	23	①
4	②	24	③
5	②	25	③
6	①	26	①
7	④	27	④
8	③	28	①
9	④	29	①
10	③	30	②
11	①	31	④
12	③	32	①
13	④	33	③
14	②	34	②
15	④	35	①
16	①		
17	③		
18	③		
19	④		
20	②		

● 주관식

1	㉠ 도, ㉡ 탁
2	㉠ 사, ㉡ 역
3	㉠ 없다, ㉡ 도망
4	㉠ 친하다, ㉡ 어버이
5	教
6	視
7	惡
8	致中和
9	終始
10	又日新
11	在下位不獲乎上
12	可以人而不如鳥乎
13	鬼神에게 질정하여도 의심이 없음은 하늘을 아는 것이요.
14	나라는 利를 이익으로 여기지 않고,
15	君子가 어찌 독실하지 않겠는가.

동양고전 [대학·중용교육사 3회] 모범답안

● 객관식

1	②	21	②
2	④	22	③
3	②	23	④
4	③	24	②
5	①	25	①
6	③	26	①
7	④	27	④
8	③	28	①
9	②	29	③
10	①	30	①
11	②	31	①
12	④	32	③
13	①	33	④
14	③	34	③
15	④	35	①
16	①		
17	①		
18	④		
19	③		
20	①		

● 주관식

1	㉠ 사, ㉡ 역
2	㉠ 벽, ㉡ 피
3	㉠ 더불어, ㉡ ~보다는
4	㉠ 두다, ㉡ 의복
5	財
6	微
7	仁
8	愼思之
9	爭民施奪
10	行同倫
11	不偏不倚無過不及之名
12	聲色之於以化民 末也
13	겸연쩍게 그 不善함을 가리고 善함을 드러내다
14	사람들이 飮食을 먹고 마시지 않는 이가 없건마는 맛을 아는 이가 적다
15	도끼자루를 잡고 도끼자루를 벰이여! 그 법이 멀리 있지 않다.

동양고전 [고문진보교육사 1회] 모범답안

● 객관식

1	①	21	③
2	④	22	①
3	④	23	④
4	①	24	①
5	④	25	④
6	②	26	③
7	②	27	③
8	①	28	①
9	①	29	②
10	②	30	①
11	④	31	④
12	④	32	③
13	④	33	②
14	③	34	①
15	①	35	①
16	③		
17	①		
18	①		
19	②		
20	②		

● 주관식

1	㉠ 즐거움, ㉡ 음악.
2	㉠ 오히려, ㉡ 같다.
3	㉠ 가까이하다, ㉡ 어버이.
4	㉠ ~부터, ㉡ 스스로.
5	亂臣賊子
6	草廬
7	結草
8	乾
9	愛
10	天
11	示不忘也
12	得養人術
13	다시 어떤 즐거움이 이것을 대신할 수 있으랴.
14	철인은 조짐을 안다.
15	남이 자기를 의심하지 않기를 바란다면

동양고전 [고문진보교육사 2회] 모범답안

● 객관식

번호	답	번호	답
1	③	21	①
2	③	22	③
3	④	23	④
4	①	24	②
5	①	25	②
6	③	26	①
7	②	27	③
8	③	28	①
9	④	29	④
10	①	30	④
11	③	31	④
12	①	32	②
13	④	33	②
14	④	34	①
15	③	35	④
16	①		
17	③		
18	②		
19	③		
20	④		

● 주관식

1	㉠ 싫어하다, ㉡ 악하다.
2	㉠ 적다, ㉡ 과부.
3	㉠ 어찌, ㉡ 편안하다.
4	㉠ 때, ㉡ 가을
5	光陰
6	杯(盃)盤狼藉
7	夷狄禽獸
8	文
9	禮
10	言
11	歸去來兮
12	不知何許人
13	태수가 그 즐김을 즐거워함을 모른다.
14	그것을 폄훼하는 것이 아니라 그가 본 것이 작은 것이다.
15	재상이 말하면 당시의 군주가 받아들인다.

동양고전 [고문진보교육사 3회] 모범답안

● 객관식

1	①	21	④
2	④	22	①
3	③	23	④
4	④	24	③
5	④	25	②
6	①	26	①
7	③	27	③
8	③	28	④
9	①	29	③
10	②	30	②
11	④	31	①
12	①	32	②
13	④	33	③
14	①	34	④
15	④	35	①
16	①		
17	②		
18	③		
19	①		
20	③		

● 주관식

1	㉠ 당하다, ㉡ 보다.
2	㉠ 떠나(가)다, ㉡ 빼버리다.
3	㉠ 속하다, ㉡ 권하다.
4	㉠ 보관하다, ㉡ 창고.
5	寂寥
6	流觴曲水
7	岐山之陽
8	骸
9	行
10	聽
11	蓮之出於淤泥而不染
12	惟人也得其秀而最靈
13	지각이 사물에 유혹되어 마침내 올바름을 잃게 된다.
14	부모에게서 받은 몸을 온전히 하여 돌아간 자는 曾參이요.
15	자신에게서 나온 것을 경계할 줄 모른다.

동양고전교육사 자격시험 답안지

주관 : (사)한자교육진흥회
시행 : 한국한자실력평가원

6 1

동양고전교육사 응시자용

객관식 답안란

회 차	제　회	응시등급	
감독관 확 인	(서명)	논　어	○
		맹　자	○
		대 학 · 중 용	○
		고 문 진 보	○

성　명

수 험 번 호

생 년 월 일

채점위원확인란
(응시자표기금지)

(초검)

(재검)

객 관 식 답 안 란

1	① ② ③ ④	16	① ② ③ ④	31	① ② ③ ④
2	① ② ③ ④	17	① ② ③ ④	32	① ② ③ ④
3	① ② ③ ④	18	① ② ③ ④	33	① ② ③ ④
4	① ② ③ ④	19	① ② ③ ④	34	① ② ③ ④
5	① ② ③ ④	20	① ② ③ ④	35	① ② ③ ④
6	① ② ③ ④	21	① ② ③ ④		
7	① ② ③ ④	22	① ② ③ ④		
8	① ② ③ ④	23	① ② ③ ④		
9	① ② ③ ④	24	① ② ③ ④		
10	① ② ③ ④	25	① ② ③ ④		
11	① ② ③ ④	26	① ② ③ ④		
12	① ② ③ ④	27	① ② ③ ④		
13	① ② ③ ④	28	① ② ③ ④		
14	① ② ③ ④	29	① ② ③ ④		
15	① ② ③ ④	30	① ② ③ ④		

※ 답안지 작성요령

1. 객관식 답은 해당번호에 검정색 펜으로 표기
　▶ 바른표기 예 : ●
　▶ 틀린표기 예 : ◐ ⊙ ⊘ ⊗
2. 객관식 답을 수정할 때는 수정테이프를 사용
3. 주관식 답을 수정할 때는 두줄로 긋고 작성
4. 본 답안지를 구기거나 훼손하지 마시오.

주관식 답안란

문항	주관식 답안란	채점
주1		○
주2		○
주3		○
주4		○
주5		○
주6		○
주7		○
주8		○
주9		○
주10		○
주11		○
주12		○
주13		○
주14		○
주15		○

동양고전교육사 자격시험 답안지

동양고전교육사 응시자용

주관 : (사)한자교육진흥회
시행 : 한국한자실력평가원

6 1

응시등급

회차	제 회	응시등급	
감독관 확인	(서명)	논 어	○
		맹 자	○
		대학 · 중용	○
		고문진보	○

성 명

수 험 번 호

생 년 월 일

채점위원확인란
(응시자표기금지)

(초검)

(재검)

객관식 답안란

1	① ② ③ ④	16	① ② ③ ④	31	① ② ③ ④
2	① ② ③ ④	17	① ② ③ ④	32	① ② ③ ④
3	① ② ③ ④	18	① ② ③ ④	33	① ② ③ ④
4	① ② ③ ④	19	① ② ③ ④	34	① ② ③ ④
5	① ② ③ ④	20	① ② ③ ④	35	① ② ③ ④
6	① ② ③ ④	21	① ② ③ ④		
7	① ② ③ ④	22	① ② ③ ④		
8	① ② ③ ④	23	① ② ③ ④		
9	① ② ③ ④	24	① ② ③ ④		
10	① ② ③ ④	25	① ② ③ ④		
11	① ② ③ ④	26	① ② ③ ④		
12	① ② ③ ④	27	① ② ③ ④		
13	① ② ③ ④	28	① ② ③ ④		
14	① ② ③ ④	29	① ② ③ ④		
15	① ② ③ ④	30	① ② ③ ④		

※ 답안지 작성요령

1. 객관식 답은 해당번호에 검정색 펜으로 표기
   ▶ 바른표기 예 : ●
   ▶ 틀린표기 예 : ◑ ⊙ ⊘ ⊗
2. 객관식 답을 수정할 때는 수정테이프를 사용
3. 주관식 답을 수정할 때는 두줄로 긋고 작성
4. 본 답안지를 구기거나 훼손하지 마시오.

주관식 답안란

문항	주관식 답안란	채점
주1		○
주2		○
주3		○
주4		○
주5		○
주6		○
주7		○
주8		○
주9		○
주10		○
주11		○
주12		○
주13		○
주14		○
주15		○

동양고전교육사 자격시험 답안지

동양고전교육사 응시자용

주관 : (사)한자교육진흥회
시행 : 한국한자실력평가원

6 1

회차	제 회	응시등급	
감독관 확인	(서명)	논 어	○
		맹 자	○
		대학 · 중용	○
		고문진보	○

성 명	

수 험 번 호

생 년 월 일 / 채점위원확인란 (응시자표기금지)

(초검)

(재검)

객 관 식 답 안 란

1	① ② ③ ④	16	① ② ③ ④	31	① ② ③ ④
2	① ② ③ ④	17	① ② ③ ④	32	① ② ③ ④
3	① ② ③ ④	18	① ② ③ ④	33	① ② ③ ④
4	① ② ③ ④	19	① ② ③ ④	34	① ② ③ ④
5	① ② ③ ④	20	① ② ③ ④	35	① ② ③ ④
6	① ② ③ ④	21	① ② ③ ④		
7	① ② ③ ④	22	① ② ③ ④		
8	① ② ③ ④	23	① ② ③ ④		
9	① ② ③ ④	24	① ② ③ ④		
10	① ② ③ ④	25	① ② ③ ④		
11	① ② ③ ④	26	① ② ③ ④		
12	① ② ③ ④	27	① ② ③ ④		
13	① ② ③ ④	28	① ② ③ ④		
14	① ② ③ ④	29	① ② ③ ④		
15	① ② ③ ④	30	① ② ③ ④		

※ 답안지 작성요령

1. 객관식 답은 해당번호에 검정색 펜으로 표기
  ▶ 바른표기 예 : ●
  ▶ 틀린표기 예 : ◐ ⊙ ⊘ ⊗
2. 객관식 답을 수정할 때는 수정테이프를 사용
3. 주관식 답을 수정할 때는 두줄로 긋고 작성
4. 본 답안지를 구기거나 훼손하지 마시오.

주관식 답안란

문항	주관식 답안란	채점
주1		○
주2		○
주3		○
주4		○
주5		○
주6		○
주7		○
주8		○
주9		○
주10		○
주11		○
주12		○
주13		○
주14		○
주15		○

동양고전교육사 자격시험 답안지

주관 : (사)한자교육진흥회
시행 : 한국한자실력평가원

6 1

회차 · 응시등급

회 차	제 회	응시등급	
감독관 확인	(서명)	논 어	○
		맹 자	○
		대학 · 중용	○
		고문진보	○

성 명

수 험 번 호

0	0	0		0	0		0	0	0	0
1	1	1		1	1	1	1	1	1	1
2	2	2		2	2		2	2	2	2
3	3	3		3	3		3	3	3	3
4	4	4		4	4		4	4	4	4
5	5	5		5	5		5	5	5	5
6	6	6		6	6		6	6	6	6
7	7	7		7	7	7	7	7	7	7
8	8	8		8	8		8	8	8	8
9	9	9		9	9		9	9	9	9

생 년 월 일 / 채점위원확인란 (응시자표기금지)

(초검)

(재검)

객 관 식 답 안 란

1	① ② ③ ④	16	① ② ③ ④	31	① ② ③ ④
2	① ② ③ ④	17	① ② ③ ④	32	① ② ③ ④
3	① ② ③ ④	18	① ② ③ ④	33	① ② ③ ④
4	① ② ③ ④	19	① ② ③ ④	34	① ② ③ ④
5	① ② ③ ④	**20**	① ② ③ ④	**35**	① ② ③ ④
6	① ② ③ ④	21	① ② ③ ④		
7	① ② ③ ④	22	① ② ③ ④		
8	① ② ③ ④	23	① ② ③ ④		
9	① ② ③ ④	24	① ② ③ ④		
10	① ② ③ ④	**25**	① ② ③ ④		
11	① ② ③ ④	26	① ② ③ ④		
12	① ② ③ ④	27	① ② ③ ④		
13	① ② ③ ④	28	① ② ③ ④		
14	① ② ③ ④	29	① ② ③ ④		
15	① ② ③ ④	**30**	① ② ③ ④		

※ 답안지 작성요령

1. 객관식 답은 해당번호에 검정색 펜으로 표기
   ▶ 바른표기 예 : ●
   ▶ 틀린표기 예 : ◑ ⊙ ⊘ ⊗
2. 객관식 답을 수정할 때는 수정테이프를 사용
3. 주관식 답을 수정할 때는 두줄로 긋고 작성
4. 본 답안지를 구기거나 훼손하지 마시오.

주 관 식 답 안 란

문항	주관식 답안란	채점
주1		○
주2		○
주3		○
주4		○
주5		○
주6		○
주7		○
주8		○
주9		○
주10		○
주11		○
주12		○
주13		○
주14		○
주15		○

동양고전교육사 자격시험 답안지

주관 : (사)한자교육진흥회
시행 : 한국한자실력평가원

6 1

동양고전교육사 응시자용

회 차	제 회	응시등급	
감독관 확 인	(서명)	논 어	○
		맹 자	○
		대학 · 중용	○
		고문진보	○

성 명	

수 험 번 호

			-			-			-				
⓪	⓪	⓪		⓪	⓪					⓪	⓪	⓪	⓪
①	①	①		①	①		①			①	①	①	①
②	②	②		②	②		②			②	②	②	②
③	③	③		③	③		③			③	③	③	③
④	④	④		④	④		④			④	④	④	④
⑤	⑤	⑤	-	⑤	⑤	-			-	⑤	⑤	⑤	⑤
⑥	⑥	⑥		⑥	⑥					⑥	⑥	⑥	⑥
⑦	⑦	⑦		⑦	⑦			⑦		⑦	⑦	⑦	⑦
⑧	⑧	⑧		⑧	⑧					⑧	⑧	⑧	⑧
⑨	⑨	⑨		⑨	⑨					⑨	⑨	⑨	⑨

생 년 월 일

⓪	⓪	⓪	⓪	⓪	⓪
①	①	①	①	①	①
②	②		②	②	②
③	③		③	③	③
④	④		④		④
⑤	⑤		⑤		⑤
⑥	⑥		⑥		⑥
⑦	⑦		⑦		⑦
⑧	⑧		⑧		⑧
⑨	⑨		⑨		⑨

채점위원확인란 (응시자표기금지)
(초검)
(재검)

객 관 식 답 안 란

1	① ② ③ ④	16	① ② ③ ④	31	① ② ③ ④
2	① ② ③ ④	17	① ② ③ ④	32	① ② ③ ④
3	① ② ③ ④	18	① ② ③ ④	33	① ② ③ ④
4	① ② ③ ④	19	① ② ③ ④	34	① ② ③ ④
5	① ② ③ ④	**20**	① ② ③ ④	**35**	① ② ③ ④
6	① ② ③ ④	21	① ② ③ ④		
7	① ② ③ ④	22	① ② ③ ④		
8	① ② ③ ④	23	① ② ③ ④		
9	① ② ③ ④	24	① ② ③ ④		
10	① ② ③ ④	**25**	① ② ③ ④		
11	① ② ③ ④	26	① ② ③ ④		
12	① ② ③ ④	27	① ② ③ ④		
13	① ② ③ ④	28	① ② ③ ④		
14	① ② ③ ④	29	① ② ③ ④		
15	① ② ③ ④	**30**	① ② ③ ④		

※답안지 작성요령

1. 객관식 답은 해당번호에 검정색 펜으로 표기
   ▶ 바른표기 예 : ●
   ▶ 틀린표기 예 : ◑ ⊙ ✓ ⊗
2. 객관식 답을 수정할 때는 수정테이프를 사용
3. 주관식 답을 수정할 때는 두줄로 긋고 작성
4. 본 답안지를 구기거나 훼손하지 마시오.

주관식 답안란

문항	주관식 답안란	채점
주1		○
주2		○
주3		○
주4		○
주5		○
주6		○
주7		○
주8		○
주9		○
주10		○
주11		○
주12		○
주13		○
주14		○
주15		○